完全解明! 合気の起源

保江邦夫

BAB JAPAN

合気遍歴――前書きに代えて

思えば、遠くに来たものだ――。

齢70の大台を超えたからではなく、人生のすべてを賭して追い求めてきた武道格闘技の最終奥義「合気《あいき》」の起源を完全に理解することができたからこそ、この言葉が浮かんでくる。いや、「合気の起源」どころか、同時に「空間の起源」、「宇宙の起源」、さらには「万物の起源」をもすべて明らかにすることができたからこそ、そんな境地に立てたのかもしれない。理論物理学者としてのライフワークで「空間の起源」の解明という難問中の難問を選んだ僕のサイドワークは、武道家や格闘家が長年目指して修行してきた「合気」と呼ばれる究極の技法を研究し、この身でその一部でも会得体現することだった。

もちろん、ライフワークとサイドワークの間に何らかの関連性があるなどとは微塵も考えてこなかったのだが、人生の最終局面に入ったときから驚くべき展開が目白押しとなり、「空間の起源」の研究こそが「合気の起源」の解明に必要不可欠であることが判明したのだ。この事実はまた、世に合気の理合を見出しその術理を身につけようと切磋琢磨する武道家・格闘家が大勢いたとしても、真に「合気の起源」について理解できている者は一人か二人といってもよいことを意味する。なぜなら、たとえ武道や格闘技をサイドワーク的に研究している物理学者が世界中に何人もいたとしても、その中に「空間の起源」や「空間の多次元構造」について研究してきた理論物理学者が、口幅ったいことをいうようだが僕である保江邦夫以外に何人もいるとは考えられないからだ。

僕が理論物理学者としてのライフワークと武道家としてのサイドワークをスタートさせたのはもう半世紀以上前のことだったが、その54年間の歩みの途中経過については特に武道格闘技を物理学の観点から分析した16冊に上る成書の形で公開してきた。

『武道の達人——柔道・空手・拳法・合気の極意と物理学』(海鳴社)
『合気開眼——ある隠遁者の教え』(海鳴社)
『唯心論武道の誕生——野山道場異聞』(海鳴社)

『武道vs.物理学』（講談社）
『脳と刀――精神物理学から見た剣術極意と合気』（海鳴社）
『路傍の奇蹟――何かの間違いで歩んだ物理と合気の人生』（海鳴社）
『合気の道――武道の先に見えたもの』（海鳴社）
『合気眞髄――愛魂、舞祈、神人合一という秘法』（海鳴社）
『物理学で合気に迫る　身体「崩し」の構造』（BABジャパン）
『佐川幸義宗範の〝神技〟に触れた二人が交わす！「合気問答」』（BABジャパン）
『合気の秘訣――物理学者による目から鱗の技法解明』（海鳴社）
『合気・悟り・癒しへの近道――マッハゴーグルが世界を変える』（海鳴社）
『神代到来――誰もが手にする神通力と合気』（海鳴社）
『合気完結への旅――透明な力は外力だった』（海鳴社）
『合気五輪書（上）――武道格闘技の最終奥義を物理学で極める』（海鳴社）
『合気五輪書（下）――武道格闘技の最終奥義が物理学の地平を拓く』（海鳴社）

まさに僕・保江邦夫自身による「合気遍歴」の物語を包み隠さずカミングアウトしたものとなっているのだが、その時折における合気解明のレベルの変遷を見て取ることができる点で、ぜひとも一読を勧めたい。しかしながら、武道格闘技の最終奥義と位置づけた「合気」の理合や術理についての解明にたどり着けてはいるものの、その「合気」という武術原理がなぜどのようにしてこの世界において成立しているのかまでは明らかにできていなかった。つまり、「合気の起源」にまで完璧には迫ることができていなかったのだ。最後に残されていた、その薄皮一枚をも斬ることができたのには、生死の境をさまよってからのこの20年ほどの間に僕の身に降りかかってきた神秘体験の数々を真摯に受け止めてきたからに違いない。

そう、「合気の起源」を完全に理解するための最後のピースは、まさに人間存在の本質を見抜くことにあったのだ。少なくともこの地球において地上に生きるすべての動物の中で、我々人間のみが常時安定に二足直立し二足歩行することができている。誰の目にも自明で当たり前と思われているこの事実は、しかしながら決して完全に理解されていたわけではない。未だに信じ込まされているダーウィンの進化論が正しいのであれば、今このときにもチンパンジーやオランウータンなどの中から突然変異で人類もどきの新種が生まれ、常時二足直立してくれるはず。ところが、チンパンジーの仲間でも短時間の二足直立と二足歩行が可能となっているだけであり、すぐに前足である手をついた四足姿勢になってしまう。人類誕生から700万年ほどと教え込まれているが、その700万年の間には一度たりとも進化のための突然変異が起きることはなかった！

それは、あまりにも異常な考えの押しつけでしかない！　我々人類は、そろそろ真実に目を開くべきなのではないだろうか。この地球上においてさえ、我々人間は特別な存在であり、だからこそ唯一二足直立し二足歩行ができるのだという真実に！

では、我々人間はいったいどこがどのように特別であるが故に、安定した二足直立や二足歩行が常時可能になっているのだろうか!?　武道家や格闘家のみならず、一般の方々にとってもまったく想像すらできないところにその答が隠されてきたのだ。それは、他の物体や地上の動植物が単に3次元の立体空間の中にのみ存在しているのとは違い、3次元を超える「高次元空間」の中にまでも存在しているということに他ならない。

この驚愕の事実は武道格闘技の最終奥義としての「合気」の起源を解き明かすだけでなく、現代の社会生活の中で我々が日常的に用いている能力を発揮することができる真の理由までをも明らかにしてくれる。そして、何らか極限状態に置かれたときに体現できるいわゆる超能力や霊能力といった特殊能力が我々人間には生まれながらに備わっているだけでなく、そもそも人間は神や宇宙そのものと一体となった「愛」と「優しさ」の存在だという素晴らしい気づきをも与えてくれたのだ。

そう、「合気」はもはや武道格闘技の範疇をはるかに超えた、人間存在の本質を照らし出す魔法の合い言葉となったといえる。その意味で、これまでのような「合気道」とか「合気柔術」などという、武道格闘技の世界だけで使われていた流儀の名称はもはや片手落ちの感が否めない。そこで、「合気の起源」が人間の本質は高次元にまでも存在していることにあると見抜いた僕は、「合気」を武道格闘技のみならず「愛」と「優しさ」によって他者とのつながりを深めて自他融合の世界へと導く「活人術」である「冠光寺眞法」としても広めていくことにした。

聖書にもある「新しいワインは新しい革袋に」という言葉どおり、この新しい「合気」の流儀には「次元流合気」ないしは「次元流合気術」という新しい呼び名を用いることにするが、「次元流」はまさに「名は体を表す」の如く、「合気の起源」が空間の高次元構造にあるという真実を見事に映し出している。

以下に展開される第1部においては、僕が如何なる経緯によって「次元流合気」に開眼したのかについて、何ら隠すことなくすべてを公表することにしたい。

続く第2部においては、「次元流合気」を実践する場合の具体的技法や作法の数々を解説することで、多くの方々に「次元流合気術」の真髄を知っていただけるものと信じる。

保江邦夫

服部由季夫
冠光寺流

第1部　次元流合気【開眼編】

第2部　次元流合気【実践編】

第1部

次元流合気【開眼編】

1 空間の物理学

我々が「生きる」この世界の真の姿を「無限次元」に連続して拡がっている「美しい」存在だと捉えることが「空間」というものを物理学的に考察するための出発点となる。ここで、その存在が「美しい」という意味は、無限次元での変換の下で形状が変わらないという数学的な性質を持つということであり、数学専門用語では「対称性を持つ」あるいは「不変性を持つ」と表現される。以下においては、このように「美しい」存在、すなわち「対称性を持つ」存在を「完全調和」と呼ぶ。

こうして、我々が生きるこの世界は「無限次元」の「美しい」存在である「完全調和」に他ならないという、基本公理を得たことになる。つまり、

「我々は無限次元の『完全調和』の中に存在する」

あるいは簡単に、

「我々は『完全調和』の中に存在する」

と考えることができる。この世界の姿がどのようなものになるかを論理思考の積み重ねのみで明らかにしていく道が拓かれたわけだ。

それはノーベル物理学賞を受賞した理論物理学者・南部陽一郎博士が見出した「対称性の自発的破れ理論」における「南部＝ゴールドストーンの定理」であり、その主張は、

「対称性が自発的に破れると、その対称性を復元するように新たな動きが生じる」

というものになる。この定理を我々の世界としての「完全調和」に適用するために、それが持

つ対称性の一部が自発的に破れる状況を考えよう。その場合、自発的に対称性の破れが誘起されるためには、完全調和の中のエネルギー分布に何らかの差異が生じ、そのエネルギー傾斜の方向にエネルギーの偶発的な流れが発生していることになる。すなわち、完全調和が持つ対称性の自発的破れの最小単位は一つの指向性を持つ幾何学的な線分が表す1次元の領域となる。これは「1次元素領域」と呼ばれる。

完全調和の自発的破れが生じるとき、同じ部分に複数の自発的破れが同時に発生することもある。例えば2個の自発的破れが同じ部分に同時に発生するならば、2方向の指向性を持つ形態として幾何学的には平面領域の如き「2次元素領域」になる。また、3個の自発的破れが同じ部分に同時に発生するときには、立体領域の如き「3次元素領域」となる。さらに、4個の自発的破れが同じ部分に同時に発生するなら「4次元素領域」、5個が同時に発生するなら「5次元素領域」などなど。

完全調和のどこかの部分に自発的破れが生じる確率は非常に小さいと考えられるため、複数の自発的破れが同時に発生する事象は確率論におけるポアソン分布に従うことが知られている。このとき同時に発生する確率が最大となるのは3個が同時に発生する場合であることは、例えば墜落する確率が小さい飛行機が1機墜落したなら続いて2機程度が立て続けに墜落するといった経験則から推し測ることもできる。そのため、完全調和に生じる自発的破れの「素領域」で最も多いのは「3次元素領域」となる。

こうして南部陽一郎博士による「対称性の自発的破れ理論」を完全調和の世界に適用することで、我々の世界というものが無限次元の完全調和の中に対称性の自発的破れによって発生した「3次元素領域」が泡のように無数に分布して存在し、周囲にそれよりも少ない数の「2次元素領域」、「4次元素領域」、「5次元素領域」などが分布するという多重構造を示すことがわかる。

つまり、無限次元の完全調和の中に無数の「3次元素領域」が稠密《ちゅうみつ》に離散集合したものが「3次元空間」となり、それよりは少ない数の「2次元素領域」と「4次元素領域」がそれぞれ稠密に離散集合したものが「2次元空間」及び「4次元空間」となる。さらに少ない数の「1次元素領域」と「5次元素領域」がそれぞれ稠密に離散集合したものが「1次元空間」及び「5次元空間」となる。さらには、より高次元の素領域が離散集合したものとしての「高次元空間」も存在することになる。

こうして、無限次元の完全調和の中には「1次元空間」、「2次元空間」、「3次元空間」に加えて、「4次元空間」、「5次元空間」、「6次元空間」などなど「高次元空間」までもが稠密に入れ籠になって、まるで重なり合っているかのように存在しているのだ。そして、その中でも特に「3次元空間」が最も密に拡がって存在している。

このような空間の真の姿が判明したところで、その空間を舞台として繰り広げられる宇宙森羅万象の実体について明らかにしておく。「対称性の自発的破れ理論」における「南部＝ゴールドストーンの定理」によれば、完全調和が持っていた美しさを表す対称性が自発的に破れたならば、その破れた対称性を復元させるように破れた部分である素領域に新たな動きが生まれるのだった。そのような動きが生まれた素領域には量子物理学によって初めて存在が見出された「量子」が存在すると考えるのだが、電子やクォークといった素粒子はすべて「3次元素領域」の中に存在する量子に他ならない。そして、素粒子の集合体として光や物質が「3次元空間」の中に存在することになるが、それらを構成する素粒子は量子としてすべて一定の「3次元素領域」の中に留まるのではなく、一つの「3次元素領域」から近傍の他の「3次元素領域」へとエネルギーとして飛び移ることによって「3次元空間」の中を運動しているように認識される。

ちょうど電光掲示板において離散集合した発光素子が「3次元素領域」に対応し、発光素子がエネルギーを得て光っているときが「3次元素領域」の中に量子が存在することに対応する。そして、光っている発光素子からエネルギーが近傍の他の発光素子へと飛び移っていくことで電光掲示板に次から次に光る点が移動して文字情報を表示することができる。このたとえを用いるならば、電光掲示板本体が「無限次元」の「完全調和」に対応し、電光掲示板の中に離散集合して取り付けられている発光素子が「3次元素領域」に対応する。発光素子がエネルギーを持って発光しているときが「3次元素領域」に「量子」が存在しているときに対応し、エネルギーを持たず発光していないときは「3次元素領域」に「量子」が存在していないときに対応している。このとき、遠くから電光掲示板を見ると、あたかも連続的につながった光る線分が連続的に電光掲示板の中を移動していくように映る。

このたとえの如く、「完全調和」の中に稠密に離散集合した「3次元素領域」の間を自発的に破れた対称性の復旧エネルギーとして飛び移っていく「量子」を認識するとき、それは連続的な拡がりを示す「3次元空間」の中を素粒子が連続的に運動しているかのように映るのである。こうして、我々人間は「量子」である素粒子が集まってできた様々な物質が「3次元空間」としてのこの「宇宙」の拡がりの中を互いに相互作用しながら生々流転を繰り広げることで宇宙森羅万象が生じていると理解してきたわけだ。

ここで注意しておく必要があるのは、無限次元の完全調和の中に対称性の自発的破れによって生まれる素領域の中で最も多いものが「3次元素領域」であるというだけで、実際には「2次元素領域」や「4次元素領域」さらには「1次元素領域」や「5次元素領域」なども存在して、それぞれ「2次元空間」や「4次元空間」さらには「1次元空間」や「5次元空間」などを形成しているということである。そうすると、破れた対称性を復旧させるために生じるエネルギーは「3次元素領域」の中に限定されるわけではなく、「4次元素領域」や「5次元素領域」さらには「高次元素領域」の中にも生じることもあり、そのような「高次元素領域」の中に生じた「量子」は「3次元素領域」の中に生じる「量子」としての素粒子ではないのだが、「高次元空間」の中を移動するエネルギー形態ではある。

当然ながら、「3次元空間」の中に素粒子が集合して存在する物質があって宇宙森羅万象を形作っていることに対応し、「高次元空間」の中には先述のようなエネルギー形態が集合してできた何らか高次元の存在があると考えられる。それがいったい如何なるものであるかについては、少なくとも物理学を基礎とする現代自然科学の枠組の中ではまったく不明といってもよい。

総合的判断に委ねるならば、そのような高次元の存在としては形而上学の範囲においては「霊魂」があるが、現代物理学において謎となっている「ダークエネルギー」と呼ばれる、この天の川銀河の近傍に存在しなければ銀河の安定性を説明することもできず、またこの宇宙の中の至るところに存在しなければ宇宙の膨張が加速し続けている事実を説明することができない未知の星間エネルギーそのものだという考えも成り立つ。しかしながら、「ダークエネルギー」は定常的にこの「3次元空間」の中に存在しなくてはならず、「高次元空間」の中の何かが「3次元空間」の中に何らかの影響を与えてくるというのでは、現代物理学を形而上学の領域へと開拓していくという禁断の知的冒険へと向かわざるを得なくなる。

我々を取り巻くこの「空間」そのものについての物理学からの理論研究は、これまで主として宇宙の構造解明や宇宙発生から現在そして未来へとつながっていく宇宙全体の変遷解明に限られてきたのだが、意外にも武道格闘技の最終奥義と目される「合気」と呼ばれる技法の起源解明という人間存在の本質に迫る場面においても大きな貢献を残してくれることになるのだ。

この点については、次節以降で詳しく具体的に論じていくことにする。

2 佐川道場先輩の教え

僕が武道格闘技の最終奥義である「合気」の起源に迫ることができたのは、「武の神人」と謳われた大東流合気武術宗範・佐川幸義先生の摩訶不思議としか形容できない究極の合気技法が空間自体を変容させる「次元転移」あるいは「次元変換」によるものだと看破した、佐川門下の塩坂洋一先輩の教えによるところが大きい。

僕が塩坂先輩によるその教えに納得できた理由は、佐川幸義先生の神技の如き合気技法をこの身に受けたときに抱いた不可思議な感覚の原因について理解できたことによる。

晩年の佐川先生が合気の技を先輩格の門人相手に披露してくださるとき、先生の動き自体は高齢の男性相応のゆるりとしたものでしかなかったのだ。例えば、若くて臥体の大きな門人が鋭く突いていくのに対し、佐川先生はわずか20センチメートルほどを小股の一歩でゆっくり移動するだけにしか見えなかった。そんな動きで相手の突きをかわすことなどできないはずで、相手は佐川先生のゆっくりとした捌きをはるかに超えた素速さで突きをヒットさせることができると思えたのだ。ところが、実際にはまったく逆の結果が待っていた。

何と、相手は異様な驚愕の声を上げて表情だけでなく全身が凍りついたかのように固まって動けなくなった直後、勢いよく崩れ落ちて床の上に倒れたまましばらくは動けなくなったのだ。僕がこのような佐川先生の合気技法を初めて目撃したとき、相手を務めた先輩の門人がわざと大げさに倒れるふりをしたのではないかとさえ考えたのも事実。しかし、佐川道場に入門して半年ほどの頃、幸運にも稽古のときに佐川先生から指名されて初めてお相手を務める機会が巡ってきたのだ。そのとき以来、佐川先生から一対一での直伝を授けていただいたときを含めて数十回ほど合気の技をこの身に受けることができた。

そのすべての場面において、僕が佐川先生に向かって様々に攻撃していくとき、僕の視界の中央にあったはずの佐川先生の姿が一瞬にして消えたかと思うと、いつの間にか僕の身体のすぐ側の死角位置に移動していたのだ。しかも、佐川先生の手が僕の体のどこかに軽く触れているだけの状況でしかないはずなのに、まるで空中浮遊をしているかのように自分の身体の正常な上下感覚を保つことができず、気がついたら文字どおり目から火花が出る衝撃を頭に喰らった直後に床に倒れ込んでしまう。

最初のうちは、床に激しく叩きつけられたときに頭を打ってしまって目から火花が出たと思っていたのだが、何回か同じ体験を経るうちにそうではないということがわかった。頭が床に打ちつけられるということなど実際には一度もなかったことは、稽古の後で後頭部を恐る恐る調べてみても打ち身も腫れもなかったことで確認できたからだ。さらに回数を重ねていくうちに、目から火花が飛び出るように激しい衝撃を喰らったと感じるのは床に叩きつけられた瞬間ではなく、その少し前だということもわかった。

それは、一瞬消えた佐川先生が次の瞬間に僕の身体の死角位置から軽く手を触れてきた直後、上下感覚を失って空中に浮かされていたと感じていた僕が「存在」していた「異世界」から、現実世界に引き戻されるタイミングだったのだ。そう、佐川幸義先生の「合気」によって、僕は空中浮遊させられていたどころか、現実世界とは違う異世界を漂わされていたとしか思えないのも事実。

つまり、僕は40年前の時点で、究極の合気技法の本質が相手の身体を現実世界から切り取られた異世界の中に転移させてしまう点にあると気づくチャンスを得ていたわけだ。おまけに、その頃までの僕の理論物理学者としての研究テーマは、「空間」の超微細構造を数学的に明らかにすることで量子物理学の基本原理を導くというものだった。「空間」についての真の姿を理解できていたごく少数の物理学者の一人だったにもかかわらず、「合気」という武道格闘技の最終奥義が相手の周囲の空間を何らか変容させることで相手の身体をあり得ないような不安定な状態に陥らせてしまうものだなどと思い到ることができなかったのは、まさに一生の不覚。

しかしながら、30年の月日が流れた頃に佐川幸義宗範の門人・塩坂洋一先輩と僕の間で武道専門誌『月刊秘伝』において「合気往復書簡」と題する連載記事を公表する中で、塩坂先輩による次のような驚くべき指摘が提出されたのだ。

多次元構造を用いる佐川先生の技

佐川先生に対峙して斬るなり、突いて行く等の攻撃を仕掛けると、先生が自分の視界から瞬

間的に消えてしまうという体験をする。佐川先生に稽古をつけてもらった弟子はその状況がわかるはずである。それを表現すれば、先生が体捌きで我の死角に入るということになるのだが、それを目で追う（認知する）ことができない。そして先生を認知した（顕れた・出現といった方がよいか）瞬間には、なすすべもない状態となっている。

ところが不思議なことに、自分が傍観者の立場、道場の中で先生に技を掛けられている他の弟子を客観的に見ているとその光景は、先生は弟子の突きに対してなにげなく、なんでもないようにゆっくりスーッと体捌きをされているだけなのだ。ところが、対峙して攻撃した当事者には目にも止まらぬ速さで先生がパッと視界から消えてしまう。そこに見えるもの、これは先生の〝場〟に取り込まれた敵の時間距離と先生の時間距離が相違しているという光景なのである。先生の〝場〟から離れてみている者にとっては、先生は極めて自然に、普通に動いているだけということなのだ。

勿論、これらの消える捌きというのは理があり、その理に従えば私達でもできることである。先生と違うところは私達の場合、客観者・傍から見ている者には「スッと」「素早く」捌いていることが分かることである。相手が全速力で来るのであれば、見切りの最終ではこちらも鍛錬に裏打ちされた瞬速を用いることは必要で、それを傍から見ればそれなりの速度をもって動いていることが認識できるのだが、先生の場合はそれが傍からは極端にスローモーであるにもかかわらず、目の前の人間には瞬速であるというところが違う（勿論、速く動く捌きもあるが、そういう合気技を使うことがあるということ）。

武術的に言えば「間合」であるが、簡単に言えば、敵と我の関係における座標を変えている。つまり、次元を換えた位置に心身を置く。敵からすれば次元を換えられてしまったから、力が出ない・抵抗できないという言い方もできる。間合いには距離や（互いが移動に伴う）時間の他、心理的な虚実等がある。（接触）点を変える、（攻撃・防御・中心）線を変える、面を変える、空間を変える。これは直線座標・平面座標・空間座標・時間座標・心理座標等を換える座標変換であり、次元の変換・転換である。我が絶対に活きる場所（次元・間）に身をおくこと、違う次元（敵とは見える世界が違う世界）から攻撃する、その場所（位）に〝入って〟しまうことが〝合気〟だ。次元の変換・転換は技術（業）体系（ヶ条）でも示せるものであるが、次元昇華が〝合気〟の「元」体系であるともいえる。

分かりやすくいえば、体捌き＝身を躱《かわ》す、の基本があるが、大東流初伝で教える体捌きは体

（身）をかわすことによる次元転換の原理を示す。そして、ここでいう「躱す」こととは決して〝避ける〟ということではなく、入って「交わす」ことである。次元転換からの次元昇華とは天地人との交流、神交である。武術（合気術）とは自他による鍛錬＝戦いの形を以って、合気を練る行である。戦いには敵が存在する。戦いは相手あってのことであり、相手との関係性でその「間」を合わせ外す（変える）、己の次元を変換昇華させていくことである。高次元世界に身を移すことを「人神之技、入身技」とも称する。

塩坂先輩によるこの貴重な論考のおかげで、佐川幸義先生の晩年の合気をこの身に受けたときから抱いていたものと同じ思いを、同様に佐川先生の合気を受けることができた他の人も持っていたという事実を知ることができた。この連載記事は、その後『月刊秘伝』の出版元であるＢＡＢジャパン社から共著単行本『佐川幸義宗範の〝神技〟に触れた二人が交わす！「合気問答」』として出版されている。これにより、佐川先生による究極の合気技法が、

「空間の多次元構造を用いる合気」

だと理解することができ、ついには本書でお伝えするように「合気の起源」に迫ることができたのだ。

3 女性超能力者の教え

今から12年ほど前のことになるが、兵庫県の丹波にある千ヶ峰という霊峰の麓に建立された白龍神社に当時東大医学部教授だった矢作直樹先生と門人の服部由季夫氏といっしょにうかがったことがある。年輩の巫女・池田艶子様に御託宣を降ろしていただくためだった。御託宣を降ろす御神事も無事に終わり、お座敷でお茶をいただいているときに巫女様が教えてくれた。我々がこちらにおじゃましたときから老齢の巫女様のお側でかいがいしくお世話をしていた女性が、ロシアにあるＵＦＯ研究所から今だけ白龍神社に来ている方で赤松瞳さんというお名前だと。それは若い小柄な女性で、ＳＦ映画に出てくる宇宙人に洗脳された地球人のようにまったく無表情なことから、あるいはＵＦＯ研究所で実際にそうされてしまったのかもしれないなどという不謹慎な考えまでもがチラホラしたのも事実。

その3日後に予定されている白龍神社の祭事「地球祭」で講演してくださる予定とのこと。このチャンスを逃すとロシアでのUFO研究についての真実を聞き出すことはできないと考えた僕は、ロシアのUFO研究所で働いているというのは本当なのか、その研究所はどこにあるのか、そこにUFOは存在するのか、見たことはあるのか、乗ったことはあるのか、等々矢継ぎ早に問いかけていく。ほとんどの質問に肯定的に答えてくれただけでなく、意外にも研究所は人目につかないシベリアの奥地などではなく、ロシア第2の都会サンクトペテルブルクにあるとまで教えてくれた赤松さんだったが、ご自身はUFOそのものには興味はないようだった。

では、その研究所で何を担当しているのかと聞いてみたところ、彼女は宇宙人が教えてくれた技術に基づいて目が見えない子どもたちの視力を回復するトレーニング技法を研究しているとのこと。それは、まず目が見えない子どもに透視能力を身につけさせ、うまく透視ができるようになると視力も自然についてくるというものだ。当然ながら、赤松さんご自身もそのトレーニングをこなしたときから透視ができるようになったという。

それを聞いたとき、僕は思わず身を乗り出すようにしてさらなる問いをぶつけていた。もし透視ができるというなら、10年ほど前にガン組織の摘出手術をした僕の身体の中を見てもらえるだろうか、と。このときも無表情のまま、それはガンの再発や転移があるかないかを見極めればよいということですかと、念を押してくる。もちろん、そうしてほしいのですがと答える僕に、彼女はそれは可能だが準備に15分くらいかかると告げたまま目をそらして宙を見つめているかのようだった。

僕は心の中で意地悪く、なるほど本当はそんなことはできないのでこちらのほうからそんなに時間がかかるならとあきらめさせる算段だろうと勘ぐり、

「いえ、時間はいくらかかってもかまいませんから、ぜひともお願いします」

といい放つ。ぼんやりと正面を向いてやり過ごそうとしていたかのように僕の目には映っていた赤松さんは、しばらく黙っていたかと思うと急に両手で顔を隠すようにした。

それを見た僕は、これは彼女をとことん困らせて泣かせてしまったかもしれない……などと、少しだけ心に痛みを感じていたのだが、それも本人の身から出た錆なのだからと強引に自己正当化しようとしていた。矢作先生と服部さんはといえば、自分の娘くらいの年齢の初対面

の女性相手によくそこまで強気に出るものだとあきれていたのか、それまでのにこやかな表情の中にも少なからず困惑の色がにじみ出ている。これは、引き際をよくしておけというお叱りかもしれないと思った僕が、「いや大変そうですからまたいつか機会があればお願いします」と声をかけようとした刹那、覆っていた両手を離した顔を無表情のままで僕のほうに向けた赤松さんの口から無機的な声が出てくる。

「大丈夫です、もうガンにはなられません。ただし、お腹の内部に炎症があります。時々それがチクッとすることはありますが、心配はありません。ただ、一つ気になるのは脳下垂体が弱ってらっしゃいます。お聞きするところによれば合気道などをなさっているそうですので、それほど問題にはならないと思いますが」

これを聞いたとき、僕はこの人には本当に見えているのだと確信する。実は、僕は子どもの頃からホルモン系が弱く、その原因は脳下垂体による制御が完全ではないことにあった。それに、僕がガンで死にかけてからできるようになった、相手の魂を愛とともに自分の魂で包むというキリスト伝来の活人術「冠光寺眞法」の「愛魂《あいき》」と呼ばれる技法は、僕自身の脳下垂体の働きを強制的に抑えることで実現される。つまり僕の脳下垂体は、かなり弱っていたはず。それを、ズバリ突かれてしまったわけだ。

勝手に自分で納得してしきりに感心している僕に、彼女は時間切れの宣告代わりにロシアでは医師がこのトレーニングを受けているとも伝えてくれた。患者の身体を透視しながら、通常の医学的治療を施すという。

僕が知りたかったのは、そんな透視能力のことではなくＵＦＯの飛行原理や製造方法だったし、その研究所を見学できないかということも聞きたかったのだが、疲れを見せ始めていた巫女様を奥にお連れしようとしていた赤松さんをこれ以上引き留めることはできなかった。３日後に再びやってくる由の僕の言葉を背中で受け止め、彼女は巫女様に寄り添いながら消えていった。

ロシアに、しかも大都会であるサンクトペテルブルクにＵＦＯの研究所があり、そこでは宇宙人から教えられた様々な技術が研究されている。ともかくその日、そんな驚くべき事実をそこで働いているという日本人女性から聞かされた僕は、何かが音もなく近づいてきているような予感を払拭することができなかった。

しかもその日は、ロシアのメドベージェフ元大統領が大統領に就任したときに前任者のプーチン大統領から重要引継事項として教えられたことの一つが、宇宙人とUFOの存在だったと公言する7ヶ月も前にあたる。

3日後の2012年5月10日、僕は再び白龍神社へと向かった。ロシアの研究所で実際にどのようなUFOをどういった経緯で製作し、それが本当に飛行しているのかといったことを赤松瞳さんから聞き出すのが目的だ。丹波の山奥の集落に、この日は全国各地のナンバープレートをつけた車が早朝から押し掛けてくる。年に一回の大祭、地球祭が催されるからだが、時間ぎりぎりに到着した僕は当然ながら祭壇から最も離れた末席に押し込まれてしまう。

このままでは、式典の後に予定されている特別講演を終えた彼女をつかまえて質問を浴びせることは、明らかに難しい。ならば、大勢の参加者が帰ってしまうまで待つしかないのだろうか……。あれこれと気をもんでいるうちに大祭はつつがなく執り行われていき、ついに赤松さんの講演が始まる。白龍神社の氏子さん向けの話だとは聞いていたので、UFOなどはテーマに上がらないのだろうとは考えていたが、ひょっとしてと淡い期待を抱いていたのも事実。

残念ながら最後までそんなことには触れず、福島第一原発の事故で関東甲信越から東北地方にかけての広い範囲に及んだ放射能汚染から如何にして身を守るかという話題に終始した講演会がちょうど終了したとき、携帯電話が振動する。大手自動車メーカー本社に勤務する西野公夫さんに声をかけていたのだが、名古屋から車でやってきたために到着が今頃になったとか。とりあえず神社の駐車場に迎えにいくと、髪の毛がグレーになった以外は十数年前とほとんど変わっていない真面目な笑顔が僕を待っていた。

その日にわざわざ遠くから彼を呼んだのには、もちろん理由がある。西野さんと初めて出会ったのは、物理学者や工学者たちが秘密裏に集められ、ＵＦＯの飛行原理や構造について研究するように彼の会社から依頼された頃のこと。どういうわけか僕が密かにＵＦＯや宇宙人について長年研究してきていたことを見出し、その研究メンバーに加われと接触してきたのが西野さんだった。そのときの研究内容については機密保持の誓約書を交わしているので公開できないのだが、彼とはそれ以来互いの興味を引きそうなことについて密に情報交換してきていた。

大学の工学部機械工学科を卒業する時点で、ＵＦＯについて調査研究させてくれる会社にしか行くつもりはないと逆指名した鼻息の荒い学生を受け入れた自動車会社の当時の社長は、同業他社が小型ジェット機を作るならうちはＵＦＯを飛ばすぞといい放つ創業家の血筋だった。以来、社内では航空機部門参入調査担当として裏では自由に好きな研究をやらせてもらえたという。まさにＵＦＯ特命係長といったところ。

そんなわけだから今回もまた西野さんには情報を伝えておいたのだが、近頃ではこの手の話は調べると単なるうわさに毛が生えた程度やトンでもない「がせネタ」ばかりとなっていたため、あまり気乗りはしなかったそうだ。それでも、まあ久しぶりに僕と会ってご無沙汰の挨拶や近況報告ができればよいかと考え、前日になって心変わりしたとか。当然ながら、僕と話すのが主たる目的というわけで、ロシアのＵＦＯ研究所で働いているという若い日本人女性の講演自体には執着していなかったのだろう。

ともかく、まずはその女性である赤松さんに日本のＵＦＯ専門家として西野さんを紹介することで、３日前にはなかなかＵＦＯそのものについての話はしてもらえなかった状況を打開しようという作戦に出る。白龍神社の祭壇前に戻ると、皆さんはすでにそれぞれのグループで車座になっての昼食の途中。入り口で我々にもお弁当が手渡されたため、僕と西野さんはかろうじて空いていた廊下の隅に陣取る。

見ると、講演を終えた赤松さんは、上座で神主さんや氏子代表の方などと談笑しながら箸を進めていた。本来ならそういった神社の幹部たちに遠慮するべきなのだろうが、そのときの僕には作戦遂行のためなら常識から逸脱した行動も辞さない決意が秘められていたのだ。一人で上座まで出向き、やはり独特の無表情で座っていた赤松さんに声をかけた。表情をまったく変えずに僕を見た彼女は、３日前にもやってきた男だと理解した上で一応はその顔を立ててくれたのか、弁当を閉じて立ち上がってくれる。

そのまま僕の後についてきてくれた赤松さんに西野さんを紹介し、お疲れのところをまことに申し訳ないがロシアの研究所でのＵＦＯ研究の詳細についてぜひとも教えてほしいので、我々のために後でお時間を頂戴できないだろうかと懇願した。無表情のままの彼女は、しかし上座を振り向く仕草を交えて今日はこれから巫女様のお手伝いや神社の方々との今後の打ち合わせもあるので、自由になるのは何時間も先になると思うと説明した上で暗に断ってくる雰囲気だ。

「いや我々はいくらでも待てますので、ぜひともお願いします」と二人が深々と頭を下げるものの、赤松さんは「とてもお約束できませんので……」という台詞とともに上座へと戻っていく。廊下の隅に取り残された二人に勝算は望めず、このままではせっかくの作戦も失敗の憂き目にあう。そう案じた僕は、こちらに向けられた彼女の背中を見つめながら、やむを得ず奥の手を出す。そう、僕がその10年ほど前に死にかけてからできるようになっていた、キリスト伝来の活人術を用いたのだ。

その活人術の本質は、相手の魂を愛とともに自分の魂で包む「愛魂」と呼ばれる技法であり、その愛が大きく広がるにつれて相手の意識では動かそうと思っていない方向に相手の身体が反応していくというもの。それだけでなく、相手はなぜ自分がそんな動きをするのかわからないにもかかわらず、心の底から笑いだして幸福感に包まれることになる。むろん、この活人術を攻撃してくる敵に用いれば、それはそのまま「無敵」の護身武術となる。

まさに「汝の敵を愛せよ」というキリストの教えを具現するものなのだが、それによって敵が攻撃をやめて自ら倒れ込むという意図しない動きをしてしまうだけでなく、その敵が笑みを浮かべて改心してしまう。つまり、敵がいなくなってしまうという意味で「無敵」といえるのだ。

もちろん、背中を見せて離れていく赤松さん相手にこの「愛魂」の技法を使ったのは、彼女が僕を攻撃してきたからではない。単に、彼女自身がいきいきと生きていけるようにするという活人術本来の目的で用いたのだが、無意識のうちにこちらにも興味を示すようになるという副次効果をも狙っていたことは否めない。

はたして、その影響だったのか、ともかく「だめでしょうかね……」と弱気になった西野さんと僕が向かい合って巻き寿司の折を開き食べ始めたとき、不意に赤松さんが現れた。背中を見せてからまだ5分ほどしか経っていなかったというのに！「お車はありますか」と問いかける彼女に、もちろんあると伝えたのだが、それに対する返答は意外なものだった。

「ここではお二人が望んでいらっしゃるような話はできませんから、車でどこか他の場所に行きましょう。荷物を取ってきますから、ここで少しだけお待ちください」

今度は事態の急変に唖然としながら、やはり赤松さんの背中を追っていったのだが、どうも様子が変だ。祭壇のすぐ前に陣取った神主さんや巫女様、さらには氏子代表の老人に対して別れの挨拶をしているように見えたし、それに対し皆さんがあわて顔となっていたこともわかった。まだ昼食を食べ始めたところだったというのに、予定ではもっとゆっくりとしていくはずだった彼女が急に手荷物をまとめてそそくさと立ち去ろうとしている。いったい何故に！

食事中の人たちに会釈しながら廊下に出てきた赤松さんに対して送られるいささか非難めいた視線は、当然ながら彼女を駐車場まで案内しようとしていた不審な男二人に注がれることになった。しかもそのうちの一人は3日前にもやってきて、何やらしきりに話しかけようとしていたのだ。完全に悪者にされた形の僕は、集まっていた多くの善良な人々からその日の主役となる客人を強奪していくことになる……少なくとも見かけの上では。

足早に駐車場へと向かい、西野さんの車に乗り込んだ我々は、後部座席で赤松さんがシートベルトを装着したタイミングで車を急発進させる。一刻も早く射すように降り注ぐ視線から逃げたかったからだ。

村を貫く幹線道路に出たところで、運転席の西野さんも助手席の僕も、ほぼ同時に安堵のため息をつく。そしてまた、後ろからもほんの少しだけホッとした雰囲気が伝わってきたかのように感じた瞬間、僕は「何だ、この女性も講演の後は早めに抜け出したいというのが本音だったのか」と独り合点した。

勝手にそう思い込んでしまった瞬間、それまでの神社の人たちへの負い目や後ろめたさなど本当にどこかにかき消えてしまう。後で神戸電鉄の駅まで送っていただけるのであれば、2、3時間はお話ができますという赤松さんに感謝を伝えながら、我々は前方左側に見えてきた喫茶店に入ることにした。

こうして西野さんと僕が矢継ぎ早に繰り出していった質問に赤松さんが淡々と、しかし何ら躊躇なく誠実に答えていってくれた内容をまとめると以下のようになる。

研究所では宇宙人も日常的に働いているが、見かけはスカンジナアビア半島系の長身の白人と同じなので、日本人から見たらロシア人と区別はつかない。

宇宙人は瞬間テレパシーによって、何らの言語的交流なしに地球人に知識をまとめて植え付けてくれ、その知識が必要となったときに必要な部分だけが自然解凍されるように地球人の頭に浮かぶようになる。

ＵＦＯの設計図や製造方法についても、研究所にやってくる宇宙人からの瞬間テレパシーで教わった。

その設計図や製造方法に従ってＵＦＯの部品をロシアで造って組み立てたものが２機研究所に保管されている。

部品の多くは地球上の金属や化学合成素材で造られているが、地球上にない素材が必要な部品も少しはある。このような地球上にない素材は主として隕石中に存在するものを利用するが、部品を造っていて必要になればそのときにうまく隕石が落下してくることが多い。

こうして用意された部品を組み立てて製造されたＵＦＯの初号機は、何故かＵＦＯとして機能しなかった。その理由は、組立作業に従事したロシア人たちが全員優秀な科学者や技術者だったことによる。

ＵＦＯのすべての部品はそれぞれが魂を持っていて、それらの部品を組み合わせていくときにはそれぞれの部品の魂を壊さないように、組み立てをする人間も魂を込めて作業していかなくてはならない。科学者のように精度のみを追求してあくまで機械を造っているというだけの心構えで組み立てるのでは、ＵＦＯは単なる部品の集合にしかならないので機能しない。魂を込める気持ちで作業しさえすれば、組み立てられたＵＦＯは単なる部品の集合体ではなく、すべての部品の魂が調和をもって互いに深く連携していくことができる有機体となる。

初号機での失敗を生かし、2号機の組み立てに従事したのは科学者の指導の下に動いたシベリア奥地の未開発地域にある「アナスタシア」と呼ばれる村の人々だった。そのおかげで、完成した2号機は無事にＵＦＯとしての機能を発揮することができるようになった。

そのロシアのＵＦＯ研究所で働く日本人女性である赤松瞳さんの話に登場したシベリア奥地の集落共同体（コミューン）「アナスタシア」だが、そこでは電気も水道もない昔ながらの生活を営む人々が自然と共存しながら暮らしているそうだ。ロシア語表示の地図にすら記されていない、外の世界と完全に隔離された、まさに陸の孤島。そこの人々は長年にわたって中世の頃の素朴な森林農耕民族の生活を続け、近代から現代にかけて発達してきた科学技術の恩恵にあずかる人間中心の楽な生き方を否定してきたという。

アナスタシアという名前は、そのコミューンのリーダー的な役割を担っている女性が代々引き継いでいる個人名に由来していると赤松さんが教えてくれたとき、僕にはふとこの目の前にいる女性こそがアナスタシアではないかと思えた。その彼女が語ってくれたアナスタシアの人々の話には、僕も西野さんも大いに考えさせられるものがあった。ここでは、特に印象的だった二つのことについてお伝えしておこう。

まず最初は、アナスタシアの人々がシベリアの大自然と完全に共生していることを物語るものだ……。ある冬のこと、例年よりも雪に閉ざされる期間が延びてしまったため、コミューン全体で越冬用に備蓄してあった予備の食料も底をつく。当然ながら村人たちは困ってしまうのだが、何とシベリアの森林に生息する狼がどこからともなく餌をくわえて雪の中に現れ、夜が明ける前に村はずれに餌を置いて帰るという日々が続いた。そのおかげで無事に冬を越すことができたわけだが、普通なら食料を探しに村を出たところで狼が村人を襲ってくることになる。ところが、日頃からやむを得ない場合以外は狼などの森の生き物を殺すことなく、むしろ助け合いながら長年生活してきているアナスタシアの人々の場合は違うのだ。**狼など森の動物たちが人々の窮地を察し、助け船を出してくれる！**

大森林に息づくすべての生き物、いや自然そのものと共生している人間の底力を目の当たりにしたのは、アナスタシアの人々の暮らしを調査するためにやってきた文化人類学者たちだったという。それが次に印象的な話だった。

アナスタシアからこれまで一歩も外に出たことのない村人への聞き取り調査の中で、ロシア以外の外国について知っていることを問い合わせたとき、一人の女性は、

「そういえば最近アメリカで初めての黒人大統領が誕生した」

と答えたという。それを聞いた学者は、その情報源が新聞だったのか雑誌だったのか、あるい

は知り合いからの手紙に書かれていたのかを問う。それに対する答えを聞いたとき、学者は我が耳を疑ったそうだ。なぜなら、ロシアの国営テレビのニュースを見て知ったというのだから。生まれてこのかた村から離れたことはないというのに！

実は、アナスタシアの村があるシベリアの奥地には、ロシアの国営テレビの放送電波は届いていないのだ。つまり、仮にアナスタシアに電池式のポータブルテレビを持ち込んだとしても、テレビ番組はいっさい見られないわけ。にもかかわらず、その女性はつい最近ロシア国営テレビのニュースを見たと主張する……。自分がからかわれているのだと考えた文化人類学者は、それではあなたが一番好きなアメリカの歌手は誰だと聞く。平然とした顔で黒人女性歌手のホイットニー・ヒューストンと答えた女性に向かって、確実にからかってきていると確信した学者は「これまた国営テレビで見たというなら、一度その歌を自分で歌ってみてくれ」と詰め寄ったという。

そのとき「喜んで……」と告げた彼女は、まるでホイットニー・ヒューストンになりきったかのような「振り付け」で歌い始め、見事に一曲を歌いきってしまった。歌手が歌う場面をテレビで何回も見ていなければ、よほどのファンでもないかぎりそんな芸当ができるはずもない。そう思った学者は、いったいこの村のどこにテレビがあるのかと強い口調で詰問する。

急に荒げられた声に驚いた村の女性は、表情をこわばらせ自分の額を指さしながら、

「この村の人なら誰でも、額の裏にモスクワのテレビ番組が映し出されるのよ！」


といい切る。逆にその真剣な表情に圧倒された学者は、アナスタシアの他の住人たちに個別に問いかけていったのだが、全員が同じように答えてくる。そう、シベリアの奥地で大自然と共生して暮らしてきた人たちは、どういうわけか放送電波がまったく届いていないにもかかわらず額の裏側に国営テレビの番組が「映る」のだ。

驚くべきことだが、これは人間が誰でも本来持っている能力であり、自然界から切り離された生活を送っている現代人が失ってしまったものの一つ。森の草花や木々の呼びかけを感じ取り、虫や鳥、さらには様々な動物たちと気持ちを通じ合わせることで大自然と一体となって生きる現代に残るエデンの園・アナスタシアの人々だからこそ、それを失っていなかっただけのこと。

そして、研究所と交流のあった宇宙人に指示されたことは、ＵＦＯ２号機の組み立ては科学者や技術者ではなくアナスタシアの人たちにやらせなければならないということだった。大自然と調和して生きる人々だからこそ、すべての部品の魂を有機的に結びつけながら組み上げていくことができるのだ。こうして宇宙人から得た設計図と製造手順を熟知していた科学者たちの指示の下、初めてアナスタシアから離れて大都会サンクトペテルブルクにやってきた純朴な自然児たちがＵＦＯの部品を複雑に組み合わせてＵＦＯを完成させるのに、それほどの時間はかからなかったという。

こうしてアナスタシアの人々によって組み上げられたロシアのＵＦＯ２号機は、数百万点という膨大な数に上るそのすべての部品の魂とも呼ぶべきものが互いに調和をもって強く連携するようになり、見事にＵＦＯとしての全機能を備えるに到ったという。赤松瞳さんからそこまでの話を聞き終えたとき、隣に陣取ってしきりにメモを取っていた西野さんが完全にフォローしてくれる。

「お話をうかがって、ＵＦＯの製造過程についてはこれまでの調査で得られなかった重要な情報を得られたと思います。それで、次に私どもが知りたいと考えていますのは、そのＵＦＯをどのようにして飛ばしているのかということです。例えば、操縦桿や飛行のための計器類はどんなものが使われているのかといった……、少し専門的になってしまいますが」

ご自分は研究所内に置かれていた状態のＵＦＯの中に入れてもらったことはあるが、飛行実験のときには乗ったことがないので実際に操縦士が操縦する様子を見たことはないと前置きした赤松さんは、しかし奇妙なことを教えてくれた。それは、ＵＦＯの組み立てについての話の中で出てきていたように、ＵＦＯのすべての部品が「魂」や「気持ち」を持っていてそれぞれの働きや全体の中での役割を「自覚」しているということだ。だからこそ、そのすべての気持ちが一つにつながってＵＦＯとして機能するというのだが、そのため地球製の航空機などとは違って何らかの中央制御装置を操縦桿で操作することでそれぞれの部品を統御する必要はないという。

では、どうやって搭乗者の思いどおりにＵＦＯの機体を操るのかと聞くと、驚くような答えが返ってきた。**何と、操縦士は自分の気持ちをＵＦＯのすべての部品の気持ちと一つにすることで、それらの部品が互いにうまく連携して操縦士の意図どおりに機体が機能するというのだ！**

うなずきながらメモ用紙にペンを走らせていた西野さんは、あたかも取り調べ中の刑事のように嘘を見抜こうとする鋭い目つきだったそれまでの表情を緩め、赤松さんに対して初めて笑顔を見せながら感想を吐き出す。

「ＵＦＯの内部には操縦桿や制御装置のようなものがないという情報はすでに得ていましたので、おそらくは操縦士の思考を読みとっているのかなとは想像していましたが、なるほどＵＦＯの構造がそうなっていたからなのですね。腑に落ちました」

僕にも同意を求めているのか、横を何度も見やりながら彼女に向かってにこやかに語り始めた西野さんに押される形で、僕は脳天気な質問というか素朴な希望を口走る。

「僕は理論物理学者ですが、その中でもこの宇宙の中の基本法則や根本原理が本当はどのようなものなのかということだけをとことん追求している極めて少数派の一人です。したがって、今現在我々が知り得ている物理学的な基本法則の背後にいったいどんな真理が隠されていて、これからさらに奥深い法則が見出されてくるのかといったことに強い関心を持っています。もし、そんな真理を宇宙人が知っているというなら、僕は喜んでロシアのあなたの研究所に行きますが、そこで宇宙人に会ったとして僕も宇宙人がテレパシーで教えてくれることを受け取ることができるでしょうか？」

それに対して、それまでの質問には間髪入れず答えてくれていた赤松瞳さんはなぜか無表情のまま空を見つめてから、このときだけは僕の顔をちゃんと見据えるようにして口を開く。

「あなたは、草や木や虫、犬や猫あるいは鳥の気持ちがおわかりですか？」

当然ながら僕の答えはこれしかなかった。

「そんなもの、わかりませんし、だいたい興味もありません。僕が興味を持っているのは宇宙人と交流し、まだ我々地球人が知らない基本法則を教えてもらうということだけです」

これに対し、ロシアのＵＦＯ研究施設で働くというその女性は、まるで聞き分けのない子どもに母親がいい聞かせるかのような、凛とした中にも優しさがにじみ出ている口調で諭してくれる。

「そういう草木や動物たちの気持ちがわからないレベルで、宇宙人の気持ちがわかるとお考えですか？」

まさに、目から鱗が落ちた瞬間。自分の娘ほどの若い女性に指摘された僕は、妙に素直な言葉を口にしていた。

「そうでした、どうやら考え違いをしていたようですね」

すべてのものに、気持ちを合わせていかなければならない。そもそも、それが人間としての生き様であり、宇宙人と交流できたりＵＦＯに出会うことができる人間に求められる最小限の条件でもある。なるほど……、そのとおり。僕は心底そう思えたのだ。

その日の深夜岡山の自宅で眠ろうとしていたとき、興奮状態が続いていたためかなかなか寝つけなかった。思考を停止しようとしてみても、ＵＦＯについて知り得た様々な新情報の数々が頭の中をグルグル飛び回ってしまう。そんなとき、明け方近くになって僕は突然に閃く。それは、

「汝の敵を愛せよ」

というキリストの教えどおりに、自分に襲いかかってくる相手の魂を愛とともに自分の魂で包む「愛魂」という活人術を稽古してきたのは、いつの日にか自分がＵＦＯに乗れたときにすぐ

にそれを操縦することができるようにしておくためだったということだ。

そうか、相手のすべてを愛することで魂が一つにつながって相手の身体が自在に動いてあたかも僕に柔術技法で倒されたかのような動作まで無意識下でしてくれる。これはＵＦＯの操縦方法と同じだ。ということは……最初から宇宙人によってＵＦＯが提供された状況で操縦を習うのではなく、身近にＵＦＯなどどこにもない僕のような人間がその操縦に習熟するために日頃からすべきは、そう、ＵＦＯの代わりに他の人の身体を使ってその身体を本人の意識に反するように自在に操る練習だということになる。愛とともにＵＦＯのすべての部品の魂を自分の魂で包むことができさえすれば、長時間にわたってＵＦＯを望みどおりに飛行させることができるのだから！

この僕が長年追い求めてきた合気、すなわち愛魂が本当はＵＦＯを操縦するための技術だったことを悟った瞬間だった。

むろん、ＵＦＯの操縦だけではない。人間が皆すべてのものに気持ちを合わせていけば、我々の地球は巨大な一隻のＵＦＯとして如何ようにも変化してくれるはず。その意味では、我々人間の目的は全員がＵＦＯを操縦できるようになることだと考えてもよい。そうなれば、猫や犬や草や木、すべての生き物との共生ができ、地球全体がアナスタシアのような現代のエデンの園たり得る……。

そんな素晴らしいことに気づくという神の祝福を授かりながら、僕はいつのまにか深い眠りに落ちていった。赤松瞳さんという若い女性超能力者の教えを反芻しながら。

このときにはまだそこまで気づくことはできていなかったのだが、今の僕が、

「人間という存在は3次元空間の中にある身体に加え、4次元以上の高次元空間の中にある何らかのものからできている」

という真実にたどり着くことができたのには、赤松さんの教えがあったからこそだと思う。ＵＦＯの部品も、人間そのものも、その本質は高次元空間に存在するということを強く示唆する教えが……。

4 ピラミッド次元転移

赤松瞳さんという女性超能力者から貴重な教えを受けた半年後の２０１２年11月19日、僕はエジプトのカイロに向かって成田空港を飛び立つことになった。

僕自身さほど興味もなかったはずのギザの大ピラミッドの中に入るという選択をしてしまった自分自身に納得させるためのいい訳を二つほど編み出した上でのことだ。一つ目はその年の4月から毎月参入することになってしまった伯家神道の秘儀「祝之神事《はふりのしんじ》」が、実は６０００年前にはエジプトのピラミッドの中で執り行われていたというもの。その秘儀を遠く離れた日本で受けているからには、本来の場所としてのピラミッドに呼ばれてしまうのかもしれないというい訳だ。

そして二つ目の考えは、千ヶ峰の白龍神社で出会ったロシアのＵＦＯ研究所で働いている赤松瞳さんが5月10日の別れ際に話してくれたことに関連する。彼女は直後の5月22日にピラミッドの中に入って瞑想することで、その日に予想されていた地球規模の不穏な動きを鎮めようとしていたのだった。そして、この僕が同じようにピラミッドの中に入るのは赤松さんに遅れることちょうど半年の時期になる。彼女は当然ながら宇宙人たちの指示によってピラミッドに行ったのだろうから、僕もうまくいけばそこで宇宙人に会えることになるのかもしれない。あるいは、会えずとも赤松さんの説明にあったテレパシーのような形で、宇宙人からのコンタクトがあるのかも……。

ともかく、ギザの大ピラミッドの中で伯家神道の祝之神事に参入するという大義名分を担ぎ出した僕は、巫女役の姪と神社庁の神主である神官役の服部由季夫氏を伴ってエジプトへと向かうことになる。もちろん、出発の10日ほど前に入院中の巫女様を訪ね、事の次第をご説明しておいたのだが、病室を辞するときには「ご旅行の目的が成就されますようお祈りさせていただきます」と深々と頭を垂れてくださったのだ。その姿勢に深く感銘した僕は、これですべてがうまくいくと感じ「次にお目にかかるときにはきっと元気なお姿でエジプト報告を聞いていただけますね」と笑顔で頭を下げた。

こうして、病室を出た僕が突然思い出したのは、30代前半の頃のイエスについてのことだった。それは、新約聖書ではその頃に荒野をさまよったイエスが悪魔と対峙し、ついにはそれを退けることができたために覚醒したとされているが、本当はエジプトに行ったのだということ。そして、ギザの大ピラミッドの中に入ったイエスはマグダラのマリアとともに、王の間で当時のエジプトの神官から「ハトホルの秘儀」と呼ばれるものを受けたというのだ。

つまり、イエスが覚醒して救世主キリストとなったのは、マグダラのマリアといっしょにこのピラミッドの王の間の中でハトホルの秘儀を執り行ったからだという。その「ハトホルの秘儀」というのは、エジプトで愛と豊穣の女神として崇められていたハトホル神の教えを得るための秘密の儀式だという。そして、この秘密の儀式を間違って解釈して古い時代から実践してきたのが有名な秘密結社フリーメーソンだとも。ハリウッドのヒット映画『ダ・ヴィンチ・コード』の中にも描かれていたフリーメーソンの儀式というのは、祭壇の上で裸になった男性指導者が同じく裸の女性と交歓している様子を多くの会員たちがうなりながら見守るというものだが、ともかくこれによって巫女としてのその女性に神の御意志が降りてくるのだという。

だが、本来の「ハトホルの秘儀」はフリーメーソンが間違って解釈してきた男女の肉体的交歓を利用する神人一体の儀式ではなく、男性の魂を女性の魂に重ねるという純粋に魂のみの交歓でなくてはならないとあった。むろん、魂を肉体の外に解放することができないレベルの男女であれば、両者の魂を重ねるということはそのまま肉体を重ねるということになるわけで、フリーメーソンはそのレベルを狙っているのかもしれない。

ともあれ、ほとんど一瞬のうちにそれらのことを思い出した僕は、2000年前にイエスがマグダラのマリアとともにハトホルの秘儀を執り行ったこの同じ王の間の中で、巫女役の姪相手に同じことをするというのが今回の真の目的だと気づく。つまり、イエスの魂をイエスの身体の外に解放し、同じく身体の外に解放しているマグダラのマリアの魂と重ねるということを再現するのだ。

実際にギザの大ピラミッドの王の間に入ったとき、赤色花崗岩の壁を背にして右横に立っていた姪は目を閉じてほぼ完全に魂を巨大な赤色花崗岩の中に入れ込んでいるため、今なら僕の魂を身体から解放し同じ岩の中に送り込むことで容易に姪の魂と重ねることができると思えた。それに、その8年ほど前からできるようになっていたキリスト由来の活人術として、自分の魂を解放して相手の魂を愛とともに自分の魂で包むという「愛魂」の技法にも慣れ親しんでいた。これなら、これまで一度もやったことがなくても、真の「ハトホルの秘儀」を隣の姪相手に再現することもできる！

そう確信した僕は、額を王の間壁面の岩肌に押し付け、いつも活人術の道場でやっている「愛魂」の要領で自分の魂を解放していく。すると、どうだ。いつもならなかなか相手の魂を見つけることができず、数秒程度の時間がかかってしまうのだが、そのときは一瞬のうちに赤色花崗岩の中で姪の魂と完全に重なってしまう。

「そうか、これが王の間の周囲に巨大な赤色花崗岩が置かれた理由なのかもしれない。この岩には、その中に魂を自在に舞い踊らせる性質が秘められているに違いない！」

一人無言でこのようにうなりながら驚いていた僕は、このままこのハトホルの秘儀を続けていけば、きっとイエスが覚醒してキリストとなったように、この僕もまた覚醒できるのではないかと大いに期待する。自分の魂や相手の魂の状態がどうなっているかについては、この8年の間に道場その他において様々な経験を積んできていたため、ある程度のことを感じ取ることはできるようになっていた。そんな僕だったからなのだが、これから大ピラミッドの中心部に置かれた巨大な赤色花崗岩の中で僕と姪の魂が融合しつつ変容しかけていたこともわかっていたからだ。

ところが、それまで赤色花崗岩の中で二つの魂が舞を踊るかのようにして調和の流れを生み出していた感覚が、突如乱されてしまう。思考が前面に出てきてしまったかもしれないと思い、すぐに右脳優位の状態に仕切り直しするのだが、それでもうまくいかない。さっきまでの星々がきらめきながらハーモニーを奏でていくかのような感覚を、どうしても取り戻すことができないだけでなく、何やら不調和極まりないものが逆流してきそうな予感さえ生まれてくる。

何か本質的なところで重大なミスを犯したのかもしれないが、ひょっとしてそれが姪の魂にも悪い影響を及ぼしたのではないかという不安までもが鎌首をもたげてきたため、僕はいったん目を開けて右に立っているはずの姪を見やった。その僕の眼は、しかしあまりの驚きのために大きく見開いたまま、まるで凍り付いたかのように動かなくなってしまう。それもそのはず、僕の右手方向に50センチメートル程度離れて立っていた姪の身体と僕の身体の間に、一人の男が壁面を背にして無言で立っていたのだから！

僕はとことん驚いたというか、大いに憤慨した。

その結果、せっかくうまくいきかけていた僕と姪の「ハトホルの秘儀」を、ここ一番の肝心のタイミングで邪魔されてしまったのだから……。

だが、but、しかし。

やはり神は御見捨てではなかった。何と、同じタイミングで王の間の中で秘儀に参入していた若い日本人女性が王の間を出て回廊を下っていたとき、

「お前のように、やろうと思っていた秘儀が邪魔され失敗したと誤解したまま、やはり怒りを抱いたままで王の間を出ていった男がいる。その男もまた何も邪魔されていたわけではなく、望みが成就されていたのだ。せっかくいつでも望むときに高次元で王の間につなぐことができるようになったというのに、このまま怒った状態を続けるうちにそれもできなくなってしまう。お前はできるだけ早くその男を見つけ出し、邪魔などされず見事に成就していたのだから決して怒ってはならないと伝えなくてはならない。よいな」

という神の声を聞いたのだ。

そう、あの憎い男にせっかくうまくいきかけていたハトホルの秘儀を邪魔されたおかげで、イエスのように覚醒することができなかったと思っていたのが、実は邪魔されずにうまくいっていたというのだ。「ハトホルの秘儀」参入は成就され、その女性から伝え聞いた神様の御言葉によると、

「いつでも望むときに高次元で王の間につなぐことができる」


ようになった！

むろん、これについても僕は大いに驚愕したし、「ハトホルの秘儀」が成功したという点については天にも舞い上がる気持ちとなっていった。そんなキリストの御業ともいえる、今いる場所を「高次元でギザの大ピラミッドの王の間につなぐ」という意義深い技法を授かっていたのだとやっと理解した僕は、帰国後それに一つの名前を与えることにした。「まず名前ありき」ではないが、名前が完備されていればその実体の存在を忘れ去ることはないと考えてのこ

とだ。

「ピラミッド次元転移、略して次元転移！」

名は体を表すという言葉どおりの、実にいい響の呼び名ではないか。そのときの僕は一刻も早く世の中に出て、人々の間でこの「ピラミッド次元転移」を試してみたいと強く望んでいた……。

せっかく見事な名前をつけたというのに、翌朝にはすっかり記憶の彼方へと追いやられてしまった。おまけに、朝目覚めたときから激しい咳込みの連続で、気分もどん底にまで落ち込む。

その日は土曜日だったため、午後は1時から6時まで岡山道場で稽古指導をしなければならない。だが、この調子ではとても稽古にはならないし、声を出して指導するのもままならないことになる。まあ、無理をすればできないこともなかったのだが、今日とことん無理を押して寒い中を道場に出ていったなら、病状がさらに悪化することは必至。

翌日の日曜日が空いていたのであれば、体調をよけいに悪くしても他の人に迷惑がかかるわけでもないのだが、翌日の日曜日には早朝の新幹線に乗って東京道場の指導に行かなくてはならなかったのだ。むろん、それとて体調の悪さを理由に休ませてもらってもよかったのだが、そのときにはそんな選択肢を取ることはできない相談だった。というのは、1ヶ月以上も前から頻繁に問い合わせをしてきていた神戸在住の80歳越えの元気な女性が、初めて僕の東京道場に稽古に来ることが決まっていたのだ。1ヶ月も前から飛行機を予約し、明日東京道場にわざわざ神戸から初めて出てくるというのに、この僕が欠席するわけにはいかない！

結局、その土曜日に予定されていた岡山道場の稽古には欠席させてもらい、僕は翌日の強行軍に備え薬漬け状態で寝込み続けていた。その日には、北海道でご自分の流派の合気道の道場を数多く展開している方が数年ぶりに僕の岡山道場に稽古に来られることになっていたのだが、幸い前日の金曜日に神戸道場に寄ってくださっていたので今回は土曜日にもそのまま神戸で稽古していただくことをお願いした。

こうして多くの皆さんにご迷惑をかけながら、２０１２年12月2日の早朝、岡山駅から新幹線に乗り込むなり、ブラインドを下ろしてひたすら眠る。それでも体調はいっこうに回復せず、昼前に東京道場に着いたときには完全に喉が潰れて声が出ない有様。

だが、あらかじめわかっていたその神戸のご高齢の女性以外にも、その日に初めて東京道場での稽古に参加される方が数名いらっしゃった。ということは、やはり初心者用にかなり詳しく解説しながら稽古を指導せざるを得なくなるわけだが、いかんせん僕はまったく声を出せない。一計を案じた僕は、大手予備校で数学を教えている人気教師の門人を呼び寄せ、今日は喉が痛くて声が出ないので僕は黙ったまま皆さんの前で技だけをやってみせるから、その横でいつも僕がしゃべっているように解説してくれと頼む。

ともかく、こうして何とか稽古をスタートできたのだが、やはり技と解説がうまくかみ合わず、いつものようには流れていかない。技を一つ演示してみせた後で、50名ほどの門人たちが互いに技を掛け合っていくのだが、その雰囲気もいつもとは違ってかなりギクシャクとしている。技を掛けるときには相手の魂を愛で包まなくてはならないのだが、そんな基本までもが忘れられてしまっているかのようだった。

何とかしなければと思いながら道場内を見守っていたとき、僕の頭にやっと「ピラミッド次元転移」の名前が浮かんできた。

そうか、次元転移を使ってこの道場をギザの大ピラミッドの中の王の間につなげば、道場の雰囲気も良くなっていくかもしれない！　そう考えた僕は、すぐに次元転移を使ってみる。

とはいっても、つい昨日気づいたばかりだし、それに僕自身の体調が改善されるということ以外の効果については未だ未知数。だが、そのときの僕はどうしても次元転移を試してみたかった。自分以外の人たちが大勢いるところで、はたしてこの「ピラミッド次元転移」が予想どおりの効果を見せてくれるのか、大いに興味があったのだ。

門人たちが二人一組でたどたどしく技を掛け合っている中、僕はあのときピラミッドの中で姪相手に「ハトホルの秘儀」を試していた状況を心に浮かべていく。すると、どうだ。ついさっきまでは、ギクシャクしてなかなかうまく相手を愛することができず、そのために技もうまく決まらなかった門人がほとんどだったはずなのに、今見るとどの門人も実に楽しげな笑顔で愛に溢れ互いに掛け合っている技も見事に決まるようになってきている。

これが次元転移の効果なのか!?

ちょっとした驚きとともに、まるっきり雰囲気が変わってしまった道場の中を眺めていたとき、エジプトにも同行してくれた服部由季夫さんが遅れて稽古にやってきた。柔道着に鍛え上げた身体を包んで道場に現れた服部さんは、僕に挨拶するときふとこんな言葉を漏らす。

「いやー、今日の道場はいつもとはまったく雰囲気が違いますね。何というか、ここの空間が外の空間と明らかに切り離されているような、何か存在感のある道場の内部になっているようなな……」

それを聞いた僕は、「え、やはりわかる？」と問い返しながらも、内心では大いに満足していた。もちろん僕自身でも次元転移の効果のすごさを確認できていたのだが、ギザの大ピラミッドの中につい10日ほど前いっしょに入った服部さんもまた、その効果としての道場内の空間変容に気づくことができたということで、ダブルチェックできてしまったのだから。

「やはり、思ったとおりだ。次元転移によってピラミッドの中の王の間に高次元でつながった場所は、本質的に王の間の中と同じ種類の空間として変容してしまい、そこに集う人々は誰もが分け隔てなくまさに魂を愛で包むというキリストの活人術を受けるのと同じ祝福を知らず知らずのうちに受けることができるのだ！」

当然ながら、今まさに高次元でピラミッドの王の間につながった東京道場の中に立つこの僕もまた、体調が回復し声も出るようになった。おかげで後半の稽古ではいつもどおり、僕が自分で解説しながら愛とともに相手の魂を自分の魂で包むという「愛魂」の技法を披露することができたのだ。

こうして、僕は一つの結論に至る。

確かに、もう30年以上も前に広島の山奥で隠遁生活をしていたスペイン人のマリア・ヨパルト・エスタニスラウ神父様から授けていただいたキリストの活人術は、10年ほど前にガンで死にかけたときにそれができるようになって以来、これまでずっと、

「相手の魂を愛とともに自分の魂で包む」

ということによってその特定の相手に対して発動されると信じ、それをいつでも誰に対してで

もできるようにするために日々研鑽を積んできたのだ。その結果、

「汝の敵を愛せよ」

あるいは、

「汝の隣人を愛せよ」

というイエス・キリストの教えに立ち戻ることで、望むときに望む相手に対して活人術を施すことができていた。

だが、ギザの大ピラミッドの王の間の中で「ハトホルの秘儀」に参入したことにより、これからはそんなまだるっこしいことをする必要は完全になくなったのだ。その代わり、いつでも好きなときに次元転移を用い、自分がいるところをギザの大ピラミッドの中の王の間に高次元でつなぎさえすればよい。そうすれば、この僕自身を含めその場所に居合わせたすべての人々

に活人術が施されてしまうのだ。

そうか、本来のキリストの活人術というのは、むしろこの「ピラミッド次元転移」だったのかもしれない。実際のところ、マグダラのマリアによって伝えられたように、元々イエスは30代前半の頃にマグダラのマリアといっしょにギザの大ピラミッドの中で「ハトホルの秘儀」を受け、それによって「覚醒」したとされている。その「覚醒」というのが魂の救世主として人々に活人術を施すことができる能力に目覚めることだと理解するなら、イエスはそのときにこの「ピラミッド次元転移」を操っていたと考えられるわけだ。

そして、イエス・キリストやマグダラのマリアが世を去ってからは、イエスの使徒たちやその後の敬虔な信者たちの中に二人のように次元転移を自在に用いることができる人物がいなかったため、「ピラミッド次元転移」そのものは忘れ去られてしまう。その代わりにキリストの活人術として修道士たちの間に細々と伝えられていったのが、活人術を施そうとする相手の魂を愛とともに自分の魂で包むという、この僕が広島の山奥でエスタニスラウ神父様から受け継いでいた近接的な技法だったのかもしれない。

ということは、いったん歴史の流れの中から消えてしまったかのように思われていた「ピラミッド次元転移」による活人術の遠隔的技法が、今このときに再び歴史の表舞台に登場してきたことになるのかもしれない。極東の果てに流れ着いていた「愛魂」による活人術の近接的技法を継承していたこの僕という人間が不思議な予定調和に導かれてエジプトにまで赴き、これまた深い縁でつながっていた魂を宿す姪とともにギザの大ピラミッドの王の間の中で「ハトホルの秘儀」に参入したことによって……。

5 次元転移の威力

ところがここにおいてもまた、まるで神様が用意してくださっていたかのような予定調和の布石がその存在を明らかにし、次元転移についての確たる実験的証明が与えられることになる。それは、2012年12月19日のことだった。場所は、東京にある帝国ホテル本館3階の宴会場「舞の間」でのこと。

実は、その半年ほど前のことになるが、元官僚有志が集う会合で講演を依頼されたことがあった。そのときの講演内容がユニークでおもしろかったということで、年末に予定されていた彼等の忘年会にもぜひ来てくれと、代表者の方や幹事の方から何度もお誘いを受けていたのだ。

当日の夕方6時ちょうど、いつもの革ジャン姿で会場に到着した僕は、最年長の元官僚らしき人物が乾杯の音頭を取った後、居並ぶ名士たちの前で挨拶代わりの自己紹介をさせられる。僕が最も不得意とする場面だし、相手が相手だけに少々のことを話してもなかなか心には留めてもらえないかもしれない。そう思った僕は、勤続30年になる今の大学の理事長はカトリックの修道女で、2・26事件で青年将校に暗殺された渡辺錠太郎教育総監の娘さんだと告げる。案の定、その一言で皆さんの表情が急に変わり、それ以降の僕の話を真剣に受け止めてくださる。

そのおかげで僕のところにも多くの方々が名刺交換に集まってくれた。幹事の方には数週間前にエジプトに行ったことを伝えてあったし、特に会の代表者の方の耳にはどうもこの僕がピラミッドで神秘的な体験をしたということまでも入っていたらしい。そのため、やっと名刺交換から解放された頃合いを見計らった幹事によって再び壇上に担ぎ出された僕は、30分という時間枠を与えられた上でエジプト旅行の顛末をダイジェストでお披露目することになってしまう。

まあ、僕自身も未だに興奮冷めやらぬ状態を維持していた時期でもあったので、突然の要請にもかかわらず皆さんを一瞬たりとも飽きさせることなく役目を終えることができた。時間が短かったこともあるので、内容はギザの大ピラミッドの王の間の中に入ったときからの不思議な出来事に限定したのだが、そこで触れた「ハトホルの秘儀」や「ピラミッド次元転移」には全員が強い興味を示していた。事実、語り終わった僕が自分の席に戻ってからというもの、名刺交換のときよりもずっと多い人たちに取り囲まれてしまう。

会話の邪魔にならないということで、ワイングラスだけを傾けながら集まってくださった皆さんの熱心な質問に答えていく。そのうち気を利かせてくださった何人かの女性のおかげで僕の前にも料理のお皿が並べられるのだが、いかんせんナイフとフォークを使う暇もない。僕が熱く語ったピラミッド探訪の物語は、それほどまでに皆さんを強く引き付けてしまったようだ。

ほどよい酔いと疲れを感じ始めていた僕は、ともかく皆さんから相手にもされず、疎外感とともに一人で料理を味わうことになるのではという予想が外れたことに安堵し、いつもよりも饒舌になっていたのかもしれない。僕のテーブルを囲んでいた人垣が、気がつくと3重にもなっていたのだから。

その人垣の中から、一人の男性が酔った雰囲気で少し大きな声を上げる。

「さっきのピラミッドの中につなぐという、その何とか転移というものは本当のことなのかね？　本当にそんなことができるというのなら、ちょっとここでやって見せてくれ」

それを聞いたとき、僕はほんの少しだけ腹を立ててしまう。この僕が嘘をつくわけがないというのに、どうしてこの人は僕を信じないのか！

だが、考えてみれば、その男性の反応はもっともなものだ。仲間内の忘年会に初めてやってきたどこの馬の骨かわからないような奴が、奇想天外というか支離滅裂というか、とんでもなく馬鹿げたことをさも真実であるかのように語ったあげく、こうして皆さんの注目を集めているとしか映っていないのだろうから。すぐにそこまで理解できた僕は、努めて笑顔を維持しながら応える。

「では、やってみましょう。次元転移によってこの部屋をギザの大ピラミッドの王の間に、高次元でつないでみせます」

こうして、衆人環視の中、僕は椅子に座ったままで次元転移を発動させる。とはいえ、僕にとっては単にあのときギザの大ピラミッドの王の間の中で「ハトホルの秘儀」を姪相手に試していた状況を思い浮かべるだけのことだったのだが……。その姪が近くにいるわけではなかったので、次元転移が起き始めるまでに数分の時間を要した。そして、まさに固唾を飲んで見守っていた元官僚たちの人垣を焦点を合わせないまま見やっていた僕がうまくピラミッドにつながったと感じた瞬間、その人垣の最後列で何やら人の動く気配があった。

次元転移を維持したままで注視してみると、どうも後ろに立っていた女性が気分が悪くなったのか、身体がフラフラとしていたかと思うと、両脇にいた女性たちがあわてて支え始めたようだ。近くの男性が椅子を運んできて座らせたところをみると、やはり目眩を起こしたのか、酔いが回りすぎたために立っていられなくなったのではないか……。そんなことを考えているうち、ふと心配になった僕は次元転移を中断する。ひょっとすると、この次元転移というものには僕がまだ気づいていない副作用があり、場合によっては居合わせた人たちに悪影響を及ぼすのではないかという不安がよぎったからだ。

僕を取り囲んでいた皆さんはといえば、やはり仲間の一人であるその女性の異変が気がかりとなったようで、ほぼ全員が心配げにそちらを向いている。見ればすでに笑みも浮かべているので、心配はないはず。安心した瞬間、空腹で飲み続けていた上に慣れない「次元転移」をご披露した気疲れのせいか、このままでは僕までもが悪酔いして倒れてしまいかねないと感じた。そのため、僕は目の前に並んでいた冷めた料理を平らげていく。

そんな僕が気づくはずもなかったのだが、不意にかけられた声に振り向くと、先ほど気分が悪くなった女性がすぐ側に立っていた。反射的に飛び上がった僕が椅子を勧めたのだが、彼女はもう平気ですからと笑顔で断る。ならば僕もというわけではないが、しばらくお互い立ったままで話をした。わずか数分間のことだったのだが、僕にとってはまさに値千金の内容となる。なぜなら、その女性のおかげで、それまでは単に観念的というか感性でしか見極めることができなかった「ピラミッド次元転移」という得体の知れないものが、実際に他の場所をピラミッドの中に高次元でつないでしまうという効果を持っていたという事実を明らかにすることができたのだから。

そのとき、彼女が語ってくれたのは次のようなことだった。

30年ほど前、彼女がまだアメリカでハイスクールの生徒だった頃のこと。当時国連機関の要職に就いていた父親に同行する形で初めてエジプトを訪れた彼女は、運良く他の観光客をシャットアウトしたギザの大ピラミッドの中に入れてもらえたそうだ。以前からの希望がかなえられるということで、喜んで回廊を上っていった先にある王の間に入った瞬間、なぜか彼女は失神して倒れてしまったという。驚いたお付きの人たちが彼女を外に運び出し、すぐに病院に連れていかれたのだが、その頃には完全に回復して何の問題もなかった。もちろん、いったいどういう理由で王の間に入ったとたんに倒れてしまったのかは、本人にも医師にもわからないままになっていたのだが……。

そして、周りの仲間たちも興味深げに聞き耳を立てている中でその女性が最後に僕に話してくれたのは、さっきこの僕が「次元転移」を発動した直後、人垣の外で立っていた彼女は急に軽い目眩を感じて倒れそうになったということ。しかも、そのときの自分の身体の反応は、昔実際にギザの大ピラミッドの王の間に初めて入って倒れてしまったときと同じだったというのだ！

それを聞いて思わずうなったのは、僕だけではなかった。周囲を取り囲んでいた元官僚たちのほとんどが、まさに声にもならないようなうなり声を上げていく中、僕に次元転移をやって見せろと詰め寄ってきた男がいい放つ。

「えー、本当だったんだ！」

今から思えば、すでにこの時点で「合気の起源」そのものについて気づくことができる状況にあったのだ。何せ、「ピラミッド次元転移」と称して、

「いつでも望むときに自分のいる場所を高次元で王の間につなぐ」

ことができるようになっていたのだから。そう、我々の身体が存在する3次元の立体空間の背後に拡がる「高次元空間」に働きかけるまでの技量を、ギザの大ピラミッドの中の王の間で手に入れていたのだ。であればこそ、そこから出発してその「高次元空間」を自在に操るレベルに到達するのは、それほど難しいことではなかったであろう。

にもかかわらず、すでに前書きでカミングアウトした如く、実際にはその後の10年以上を無駄な合気遍歴に費やしてしまったのは不徳の致すところ。残念でならない。

6 超能力者の教え

前節の最後に触れた10年以上に及ぶ無駄な合気遍歴を経た2022年2月のこと、広島市内中心部の繁華街「八丁堀」にある「マジック&ショットバーHiviki」のオーナー兼バーテンダーとして「リアルファンタジー」と名付けた超能力ショーを実演するHivikiさんに会うことができた。広島県が新型コロナウイルスの蔓延防止期間に入っていたためにお店はずっと閉じたままだったが、僕にその素晴らしい超能力の技法を見せてくださるために閉まった店のカウンターに特別に立ってくださったのだ。経験豊富な超能力者として、お若い頃には広大なアメリカ全土で大人気を博していた方でもある。

そのHivikiさんについては不覚にもそれまでまったく存じ上げていなかったのだが、その1ヶ月ほど前に知人から、

「広島にＢｉｒｄｉｅさんのような超能力者がいて、先日行ってみたら10円硬貨をまるでコンニャクのように曲げさせてくれました」

と聞いていた。

「今度ぜひともお連れします」

とのことだったため、世の中に真の超能力者がそう簡単に見つかるわけはないと思っていた僕は半信半疑で広島に向かったのだった。もちろん、10円玉を途中ですり替えるトリックを使えないようにするために、自分の部屋の中を探して40年以上前に住んでいたスイスの1フラン硬貨を2枚持ち出していった。そして、いざＨｉｖｉｋｉさんが10円玉を指で曲げさせてくれるというとき、やおらポケットからその1フラン硬貨を取り出した僕は、挑戦状を叩きつけるかのようにいい放ったのだ。

「こっちのスイスの１フラン硬貨を曲げさせてもらえますか」

ところが、僕の予想を大きく裏切った形で、Ｈｉｖｉｋｉさんは顔色ひとつ変えず「よろしいですよ」とサラリといってのけた。

こうしてすり替えられる可能性がその時点ではゼロと考えられるスイスの１フラン硬貨であっても、さらに念には念を入れて油性マジックペンで僕のサインを入れておいた。その１フラン硬貨の端を親指と人差し指で摘んだＨｉｖｉｋｉさんは、僕に自分の指先でその１フラン硬貨を押してみるように促す。もちろん、日本の１００円硬貨のような大きさのニッケル合金でできた硬い１フラン硬貨がそんなことで曲がるわけはない。すると、Ｈｉｖｉｋｉさんは僕に向かってこんな台詞をぶつけてきたのだ。

「では、まず私の目を見ながら、私たちの視線の真ん中に小さな光の玉が現れたと思ってください。すると、その光の玉があなたの目から身体の中に入っていき、あなたの右腕を通って右手の指先にまでやってきたと思った瞬間、指を軽く前に出してみてください」

一応いわれたとおりに思いながら右手の指先を軽く前に出してみたところ、何と直前までは硬いニッケル合金の1フラン硬貨のはずだった物体が、まるで「暖簾に腕押し」のようにゼリーやコンニャクでできたコイン状のお菓子であるかの如くフニャリと曲がってしまった。

曲がるときの抵抗感がまったくなかったため、硬い1フラン硬貨が折れてしまったと感じた僕は大声で、

「アッ！　折れた!!」

と叫んだほどだ。何せ、そのときの自分の指先の感覚は暖簾の垂れ下がった薄い布を押したときの感覚と同じくらい、まったく抵抗感がなかったのだから。

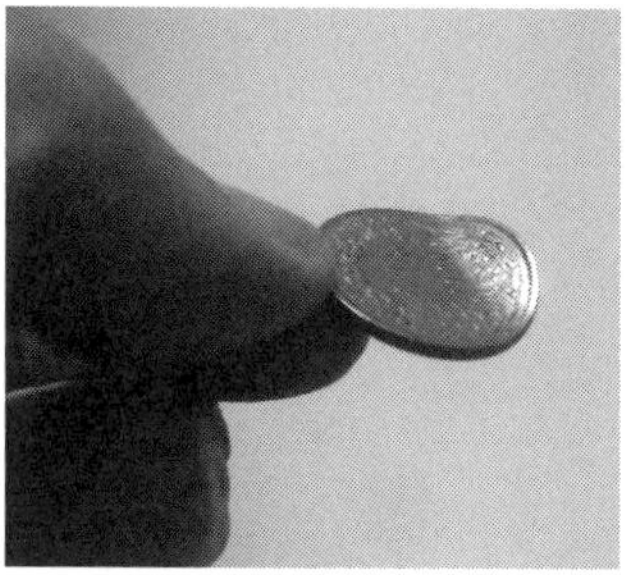
超能力で曲げられた1フラン硬貨

Ｈｉｖｉｋｉさんが親指と人差し指で摘んでいたスイスの１フラン硬貨をそのままカウンターの上に置いてくれたのを見たときの驚愕の大きさといえば、物理学者であるが故だったのだろうがまさに驚天動地。絶対にあり得ないと信じていたことが、目の前で、しかもこの自分自身によって生じてしまったのだから。その１フランコインを手に取って注意深く見てみると、３分の２くらいのところでグニャリと折れ曲がっているのに加え、残り３分の１くらいのＨｉｖｉｋｉさんが親指と人差し指でつまんだ部分もまた凹面状にへこまされていた。不思議に思ったとき、Ｈｉｖｉｋｉさんは、

「今日はせっかく物理学者の先生がお出でくださるということで、私も初めてのことをやってみました。いつもならコインを真ん中あたりで折ってもらうだけにしてきたのですが、私が２本の指で摘んでいる部分もさらに別方向に曲がるようにしてみました。初めてだったのですが、うまくいきましたね」

と伝えてくれる。

見ると、そのへこんだ部分はＨｉｖｉｋｉさんが親指と人差し指で摘んでいただけだったにもかかわらず、Ｈｉｖｉｋｉさんの親指の先の形に湾曲していたのだった。

この時点でもう完全に脱帽だったのだが、Ｈｉｖｉｋｉさんはさらに追い討ちをかけてくる。僕がさらにお貸しした硬貨を（一応時節柄かアルコール消毒した上で）上下の前歯で咬みちぎってみせてくれたのである。その半切れのコインを見ると、確かにＨｉｖｉｋｉさんの歯形に沿って切断されていて、僕もうなることしかできなかった。ところが、この世界の中で前歯で咬み切ったままのコインが安定に存在できるのはわずかの時間に限られているということで、そろそろ元の状態に戻しましょうというが早いか、Ｈｉｖｉｋｉさんは舌の上にずっと乗せていた片割れのコインをフッと口から吹き出した。むろん、そのときは目を皿のようにしてＨｉｖｉｋｉさんの舌の上の半分のコインと、Ｈｉｖｉｋｉさんが指で挟んで持っている残り半分のコインを必死に見つめていたのは事実。

すると、どうだろう。Ｈｉｖｉｋｉさんの舌の上から飛び出した半切れのコインがカチッと音を出して指で摘んでいた残り半分の片割れと見事に合体し、元のコインに戻ってしまったのだ。

こうして、これでもかというほどに繰り広げられた出し物の最後に登場したのが、まさに真打ちの中の真打ちとおぼしきものだった。昔懐かしい透明ガラスの白熱電球を一つ渡されたのだが、チェックするように促された僕がどうこねくり回しても普通に売られている100ボルト15ワット程度の軽い電球だった。そして僕が右手でその電球の下の金属製電極部分を握ってバーカウンターの上に固定しておくのだが、Hivikiさんはハリウッド映画『ドクター・ストレンジ』の主人公よろしく何やら彼の両手を電球から30センチメートルほど離れたところで円を描くように動かした後、彼の片手を電球に向けたとたんその電球のフィラメントが明るく輝きだしたのだ。驚いた僕は電球のフィラメントが本当に光っているのかを判別するために顔を近づけて凝視したのだが、どう見てもフィラメントが明々と輝いている。ソケットに入って100ボルトの電源につながっているのならフィラメントが光るのは当たり前だが、単に僕が右手で握っているだけの状態で光っているのだから、これは超能力としかいいようがない。

しかも、フィラメントの輝きをすぐ近くで見続けているうちに、僕は一種異様な空気に包まれてしまう。なぜなら、光っているフィラメントの輝きをすぐ近くで長時間ジッと見つめていても、まったく目が痛くならないどころか、どこか神秘的な穏やかさに癒されていくように感じたからである。さらには、かなりの間光っている電球を握っていても、電球自体がまったく熱くならなかった。これはおかしいと思った僕は、空いていた左手で電球のガラス部分の頭の上におそるおそる触れてみたのだが、そこも少しも熱くなっていない。普通なら点灯した直後から電球のガラスの部分は熱くて触ることすらできないはずなのに！

これには俄然、物理学者根性に火がついたのか、僕はＨｉｖｉｋｉさんに向かって、いったい何故にこんなあり得ないことが生じているのかを説明してくれるように頼んだ。そこで教えてもらえたことは、まさに僕が湯川秀樹先生のご意思を引き継いだ形で研究を続けてきた「素領域理論」に基づく宇宙観とも合致する驚くべき事実だった。そう、これまでは物理学者の眼にも一般の人々の眼にも単なる空虚な入れ物としか映っていなかった「空

超能力で光らせた白熱電球

間」というものが本来持っていた多様性というか、神秘性が示す不可思議な現象が目の前に展開されていたのだ。

Ｈｉｖｉｋｉさんによる解説は次のようなものだった。

「もちろん、この現実世界の中では手に握っただけの白熱電球が光るわけはありません。そこで電球を持ったあなたの右手の先と電球を含む空間領域を切り取って、その領域だけをそこでは手に握っただけの電球のフィラメント部分が明るく輝くような別世界の領域にすり替えてしまうのです」

確かに電球を光らせる前にＨｉｖｉｋｉさんはまるでドクター・ストレンジが映画の中で見せる魔術をかけて空間に穴を開けるときの動作のように、両手で空間の中の電球を含む領域を切り取っているかのようだった。

その１ヶ月後にあたる２０２２年3月吉日、おかげで僕自身の50年以上にも及ぶ「合気探究」の旅についに見事な終止符を打つことができたのだ。「合気」というのは、故植芝盛平翁が創始された「合気道」やその源流といわれる「大東流合気武術」における不思議な崩し技法の根幹となるもので、現代に到るまでその原理が解明されたことはなかったのが実状。物理学者であり武道家でもある僕が50年を費やし、その1年ほど前にやっとたどり着いた原理は、前著『合気五輪書（上）——武道格闘技の最終奥義を物理学で極める』（海鳴社）で紹介した人間の心が持つ「うつらかす」という性質を基本とするものであり、基本的にはいわゆる「催眠術」や「催眠療法」などと同根のものであった。

ところが、Ｈｉｖｉｋｉさんの「リアルファンタジー」で単に握っていただけの白熱電球が不思議な輝きを見せたとき、その電球の周囲の空間領域を切り取って異世界にしているという説明を聞いていた僕の心の奥底に生まれていた考えが、１ヶ月ほどの熟成期間を経てついに真の合気原理に結実したのだ！　そう、それは「うつらかす」という人間の心の性質を利用するものではなく、単刀直入というか文字どおり相手の身体を含む空間の領域を切り取ってそこを異世界にしてしまうことで、相手が床の上に安定に立って存在することができなくなって簡単に崩されてしまうというものだった。

もちろん、東京で僕が主宰をしている「冠光寺眞法・冠光寺流柔術」の道場で実際にそれを

確認してのことであり、50年以上に及ぶ僕自身の合気探究がついにフィナーレを迎えたのだった。まさに、

「合気はリアルファンタジー！」

という、驚くべき真実が天恵として与えられたのである。

このとき僕の相手をしてくれた臥体の大きな古参の門人に対しては、これまで僕の腕をがっちりと両手で握らせた状態から崩すのはよくやっていたのだが、僕の小指一本を自在に握らせるなどというのはとても怖くて一度もやったことがなかった。しかし、この、

「相手の身体を含む空間領域を切り取って異世界にしてしまう」

という真の合気原理に気づいたときには、なぜか相手に小指を折られてしまうという心配などまったくわいてこなかった。そうして力一杯右手の小指を握らせた門人の身体の周囲をドク

ター・ストレンジ、いやドクター・ファンタジーであるＨｉｖｉｋｉさんの動きを真似て空いている左手で切り取ってみたのだが、このときの衝撃の大きさといったら、僕の人生の中でも最大のものであった。なぜなら、僕自身の小指はまったく何の圧力も感じなかったにもかかわらず、相手のガッシリとした巨体が完全に上下ひっくり返るかのように激しく倒れてしまったのだから。相手をしてくれた門人も目を丸くして驚き、

「これまで投げ飛ばされた中でも完全に異質な飛ばされようで、まるで足元から床と切り離されてツルンとひっくり返されたかのようでした！」

と興奮さめやらぬまま報告してくれたほどだ。

その2週間後には名古屋道場での稽古があったため、そこでもこの見つけたばかりの真の合気原理である、

「相手の身体を含む空間領域を切り取って異世界にしてしまう」

という「合気」イコール「リアルファンタジー」の技法を試してみることにした。名古屋道場を任せている古参の門人は僕以外の人間ではとても崩すことができないほどに体幹の強い武道家なのだが、その彼にこの合気の原理を用いて倒した瞬間、僕は彼が初めて「エッ！」とも「ウッ！」とも聞こえる驚きの唸り声を上げたのを耳にした。それまでのやり方の合気では彼がそんな声を発したことはなく、毎回想定内の倒され方でしかなかったのが、今回だけは彼の想像を遥かに超えた不可解な倒され方だったようだ。

こうして、ついに真の合気原理を手にした僕は、ドクター・ファンタジーこと超能力者Hivikiさんに心より感謝し、この真の合気を「御留技《おとめわざ》」として封じてしまうことにした。この後は古来からそうであった如く、天皇陛下や皇太子殿下あるいは「ノブリス・オブリージュ」を受け継いで世の平和維持に邁進する高潔な人物のみに内密にお伝えするのみとさせていただくつもりになったのだった。

7 ヤオイズムの教え

武道格闘技においては、対戦相手を含めて闘いの場における様々な物体の立体的な配置と配向を把握する必要がある。弱視あるいは盲目の武道家であっても、聴覚を用いた周囲の立体空間配位の認識がなければとうてい相手を制することなどできるはずもない。そう考えるのが常識となっているのは確かなのだが、そもそも我々人間は何故にこの世界を3次元の立体的拡がりとして理解できているのだろうか？「いや、その立体的な拡がりである3次元空間の中に現に存在しているからこそ、それを視覚的、聴覚的、また触覚的に把握して認識できているのは火を見るよりも明らかなことではないか！」大多数の方々からは、そんな叱責を頂戴するに違いない。

しかしながら、自明どころか、考えれば考えるほどわからなくなってくるのは事実。僕もまた、つい1年ほど前までは、そんなことは当たり前のことだと信じ込んでいたのだが、超能力や超常現象にスポットライトを当てた特別番組を世に問い続けてきたテレビディレクターの矢追純一氏からの教えで真実に開眼することができた。それは、我々人間というものが身体である物体として3次元の立体空間の中に存在するものであるなら、我々が認識することができるのは3次元より次元の低い2次元の平面や1次元の直線あるいは曲線に限られるはずだというものだった。

しかるに、我々は子どものときから、いや、赤ん坊のときから平面としてしか見ることのできない周囲の家具の向こう側にも物体が存在できるという事実を理解している。生まれて間もない赤ん坊は自分では3次元の立体空間の中を移動したこともなく、ずっと仰向けになったまま母親の姿を目で追うことを続けている。このとき、生まれて初めて見ていた母親の姿が周囲の家具の陰に入って見えなくなったとき、赤ん坊の目の視点は家具の像という2次元の平面の上を母親の姿が突然消えたところからゆっくりと移動して、母親が家具の向こう側の空間を移動して再び家具の陰から出現してくるところに向くのだ。つまり、自分の視野に映っているすべてが2次元の平面と1次元の直線や曲線でしかなく、「奥行き」という概念が生まれるはずもない身体的未発達状況においてさえ、我々人間は自分が認識している物体が3次元の立体空間の中に存在していると理解していることになる。

以前、カナダの数学者デュードニーが書いたSF小説『プラニバース——二次元生物との遭遇』（工作舎）に目を通したことがあるが、2次元の平面世界に生きる生物を仮想することで「奥行き」のない2次元空間の形態を詳しく解説していて興味深い。その2次元空間に住む者が自分以外の2次元空間内の存在を例えば2次元空間内を直線的に飛ぶ光線による映像として認識しているとすれば、その者の目に映る世界は1次元の直線でしかない。2次元の平面世界における自分の周囲360度を見渡しても単に直線が認識できるだけであり、その直線の向こう側があることはわからない。

ところが、その2次元の平面世界を上から俯瞰することができる我々3次元の立体空間に存在する人間には、2次元空間の中の線分の向こう側にある別の線分を認識することができる。なぜなら、我々人間は2次元の平面世界に制限されない、より「高次元」の存在なのだから。

では、3次元の立体空間の中に生きる人間がその3次元空間の中を直線的に飛ぶ光線によって得ている映像認識について考えるならば、我々の目に映る世界は2次元の平面でしかない。

3次元の立体空間の世界における自分の周囲の立体角720度（左右360度と上下360度）を見渡しても、単に2次元の平面が認識できるだけであり、その平面の向こう側があることはわからない……はずである。

しかるに、先に紹介した如き赤ん坊の母親認識の場面に見られるように、我々人間は2次元の平面の重なりとして周囲の物体の姿を認識しているだけでなく、その平面の向こう側に3次元の立体空間が「奥行き」として拡がっていることをも認識できているのだ。この事実が物語るのは、我々人間はその身体が物質として3次元空間に存在するのみならず、同時に4次元以上の高次元空間にも存在しているということに他ならない。でなければ、人間は自分が置かれたこの世界を2次元の平面としてしか認識できていないはずなのだ。

実は、この驚くべき事実について僕が初めて気づくことができたのは、矢追純一氏のご教示による。彼はすでに少年の頃から誰も疑問にすら思うこともなかった当たり前の「空間の立体認識」の不思議について、その根源に迫ろうと考えを巡らせていたという。そして見出した答が、

「人間という存在は3次元空間の中にある身体に加え、4次元以上の『高次元空間』の中にある何らかのものからできている」

という真実であった。だからこそ、人間は自分の身体が置かれているのが3次元の立体空間だということを認識することができるわけである。

現代の物理学など自然科学の範疇においては、人間が「高次元空間」の中にも存在しているなどと主張することは非科学的として端から受け入れられないが、形而上学の範囲であればそれこそ霊魂やオーラといったものが「高次元空間」の中にある人間の一部であるとも考えることができる。実際のところ、思想家ルドルフ・シュタイナーの「人智学」においてはエーテル体、アストラル体、コーザル体などといった人間存在の高次元部分にまで詳しく言及されているし、アメリカのモンロー研究所で開発された「ヘミシンク」などの変性意識状態を生み出す装置を利用することで、「高次元空間」の中に自分の意識を送り込むことも可能となっている。

そう、矢追純一氏がすでに少年の頃から見出していた真実であり、それを僕に語ってくださったことで齢70を過ぎてようやく知り得た真実中の真実。それが、

「人間の本質は『高次元空間』に存在する」

というものであった。

8 二足直立の不思議

この地球上に生きるすべての動物、特に哺乳類の中で常時二足直立し二足歩行するのは人間のみである。他の哺乳類はどれも前足2本と後足2本で行動する四足動物であり、人間以外の霊長類であるチンパンジーやゴリラであっても安定な二足直立と二足歩行が可能なのはわずかの時間のみである。

では、人間は生まれてすぐの時点で二足直立をすることができるのかというと、そうではない。例えば代表的な四足動物である馬の場合は、母馬から生まれてすぐ自発的に4本の足で立ち上がる。ところが、我々人間の場合は、母親の胎内から生まれ出てから8ヶ月ほどの間は四足歩行はおろか、ほとんど這い回る程度の動きしかできない。それが、何らかの物体を「前足」である「手」でつかむことで二足直立の準備を始めてからすぐの頃のタイミングで、自発

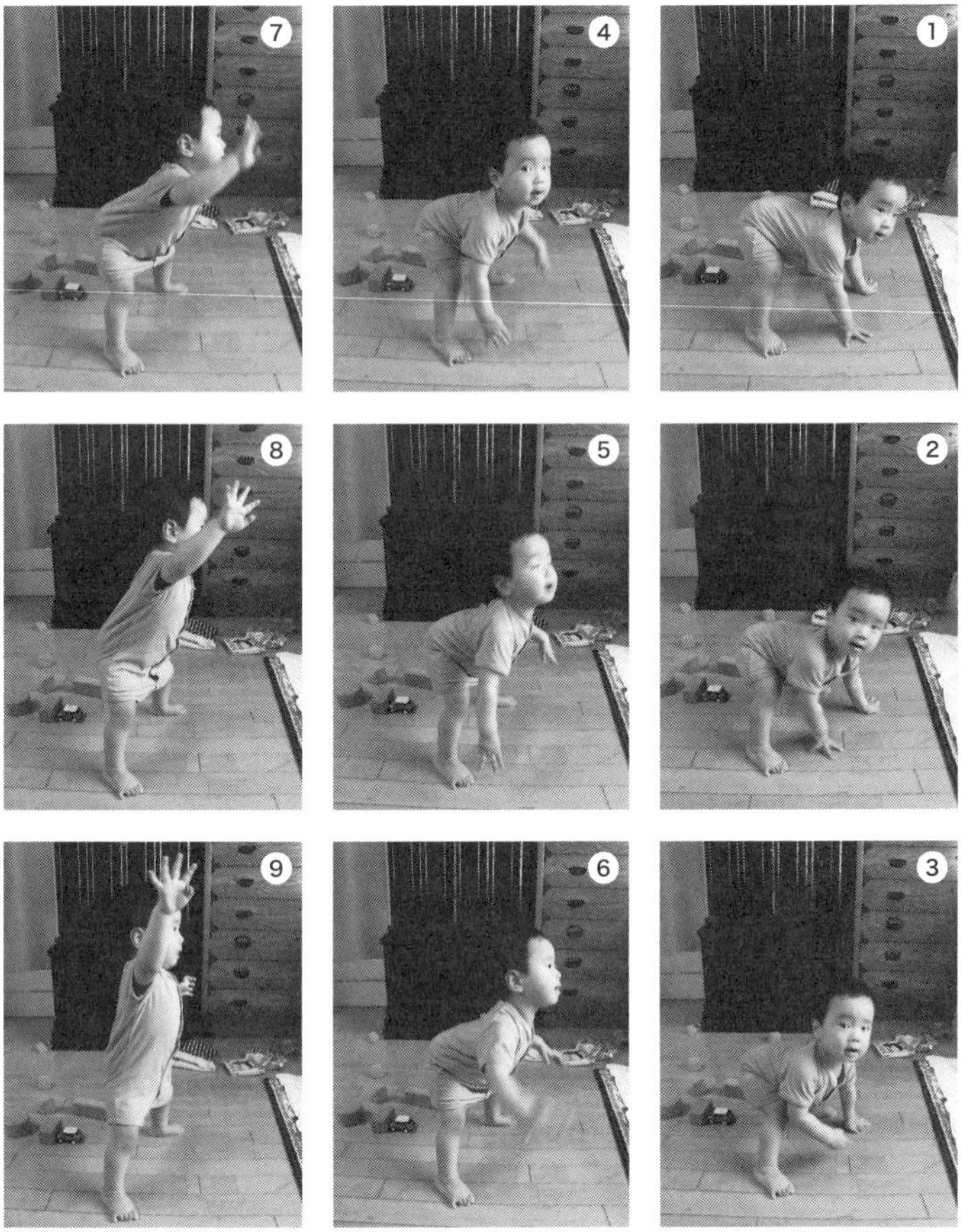

赤ん坊の初めての二足直立

的に2本の「後足」である「足」で立ち上がるのだ。

幸いにも、僕は赤ん坊が初めて二足直立する場面に立ち合うことができたのだが、そのときの赤ん坊の表情や姿勢の変化を目撃して感動を覚えたことがある。


注目すべきはその表情に見られた劇的な変化である。それまでは文字どおり右も左もわからない不明な世界の中にいる不安感を隠すことができていないかのような表情だったのだが、自力で初めて二足直立できた瞬間に見せた表情からは、そのような不安感は完全に消え去っていた。むしろ、この3次元の立体空間として拡がる新世界のすべてを見届けようとする強い決意に満ちたかのような眼の輝きが生まれ、不安など微塵もない表情になっていたのだ。まるで人間本来の存在に戻ったというか、自分自身がどういう存在であるのかについて思い出せたに違いないという印象までをも得たことを憶えている。

そう、二足直立をすることにより、我々人間は自分が存在している場所について無意識のレベルにおける正しい理解を得ているのではないだろうか。二足直立をし、さらには二足歩行をすることで、自分の身体が3次元の立体空間の中を移動していることを思考によって意識レベルで理解するだけではなく、実はまさに初めて二足直立した瞬間からは自分自身の本質が3次元世界を超えた「高次元空間」の中に存在していることを、無意識のレベルで理解しているというわけだ。そして、実は「ヤオイズムの教え」と題した一節で見出した、

「人間の本質は『高次元空間』に存在する」

という真実とも呼応するのは、

「人間の本質が『高次元空間』に存在するために、人間は常時安定に二足直立することができる」

という事実である。

この3次元立体空間の世界に生まれ落ちてくる直前までの高次元世界にのみ存在していたときの存在感としての「普遍意識」あるいは「真我」などと呼ばれるものは、赤ん坊の心の奥底

に封じ込められているのだが、二足直立の瞬間に赤ん坊の無意識としての「赤心」という形でその3次元世界での身体部分を高次元世界での存在とつなぐことで、3次元立体空間の中での二足直立や二足歩行を支えているのだ。

3次元空間における人間の身体と「高次元空間」にある人間の本質とのつながりは、単に二足直立や二足歩行の不思議にとどまらず、矢追純一氏によって指摘された空間認識の不思議までも解明してくれるのだが、さらに驚くべきことにそれだけにとどまらないのである。現代人の多くが経験する自動車の運転の場合においてすら、人間存在が「高次元空間」にもつながっているという事実が知らず知らずに活かされているのだ。

自動車の運転席に座っている運転者の空間認識が視野を通した視覚認識により得られているため、2次元の平面映像の重ね合わせでしかない。そのために運転免許取得直後の運転者や年輩の女性に多い、ハンドルにしがみつくようにして前方を一心に直視し続けるときには、思考による2次元平面映像の重ね合わせのみで自動車の周囲の状況判断を行うこととなり、大脳皮質による思考認識に0・5秒程度の遅れが生じる結果として衝突などの事故が発生しやすくなる。

ところが、長年運転を続けている、あるいは運転操作が好きで楽しみとなっている運転者の場合は、例えば助手席や後部座席の同乗者との会話を楽しみ、オーディオ装置から発せられる音楽も聴き、目的地へと向かう経路を間違うことなく運転するだけでなく、時には翌日の予定を考えたり電話通信（ハンズフリー）しながらであっても周囲の交通状況を見事に捉えているため交通事故とは無縁となっている。

その最たるものは時速３００キロメートル前後で競い合う自動車レースの最高峰Ｆ1グランプリのレーシングドライバーであろう。優勝を狙えるレベルの選手はタイヤ上端と同じ極めて低い視点からの狭い視野しか得られない窮屈な運転席にいながらにして、自車の右後輪が後続車の左前輪の前方わずか20センチメートルの位置にあることまでも瞬時に認識しながら、何台ものレーシングカーが団子状態となってカーブを曲がっていくことも多いと聞く。実際にＦ1ドライバー経験者に聞くと、確かに数回ほどはそのようにまるで自分が上空から自車と他車の動きを見下ろしているかのように「見えていた」という。

僕自身の運転経験の中においても、片道3車線の混雑した高速道路の追い越し車線に大型トラックが何台も連なった状況にあって、まるで迷路を走り抜けるかのように大型トラックの間を縫うようにして追い越し続けたことがあった。このときの運転は、助手席に乗っていた秘書が思わず悲鳴を上げ続けたことからわかるような、一見無謀なものに映っていたかもしれない。しかしながら、運転していた僕の頭の中には自分の車の前後左右だけでなく、かなりの広範囲ですべての車両間隔とその変化までもが映像化されていて、まるで上空を別の自分が飛びながら俯瞰しているかのようなイメージがあったのだ。

臨死体験をした人や、いわゆる体外離脱の経験者は自分が横たわっている姿を天井部分から見下ろしていたということが多いし、釈迦のように覚醒した聖者は座っている自分の身体をはるか上空から眺めていたともいう。また、特に我が国において顕著であるが、古い時代の絵、例えば平安時代の絵物語で宮中や公家屋敷などの部屋で対面している人物が描かれるとき、天井を抜いて上空から俯瞰しているかのような表現が多用される。江戸時代に残された絵図の中には、まるで東京スカイツリーの上から見たかのように江戸の町とその遠くにある富士山を俯瞰しているものもある。これらは、当時の作者が体外離脱をして上空からの視点を得ていたから実現された、と考えることもできるのではないだろうか。

このように見ていくと、

「人間の本質が『高次元空間』に存在するために、人間は常時安定に二足直立することができる」

という事実に加え、

「人間の本質が『高次元空間』に存在するために、人間は自分の身体が置かれた3次元空間の中の周囲の状況を俯瞰的に認識することができる」

という事実までもが浮かび上がってくる。

そう、我々はこの3次元立体空間の中に制限された身体という物質的存在のみならず、「高次元空間」の中にまでつながっているという意味で、この地球上では極めて特異な存在だといえよう。

9 高速走行中の奇跡

前節で得た、

「人間の本質が『高次元空間』に存在するために、人間は自分の身体が置かれた3次元空間の中の周囲の状況を俯瞰的に認識することができる」

という事実は確かに驚くべきものではあるが、これで一般人が自動車を運転する場合の見事なハンドルさばき程度のことであれば説明がつくことになっても、F1レースで互いに時速300キロメートル前後のスピードで走行しながらすぐ近くを走る数台のレーシングカーが次の瞬間にどう出てくるかまでは予測できない。自分以外のドライバーがそれぞれ他のドライバーを出し抜いて少しでも前に出ようと団子状態になって高速でカーブを曲がるなどといった場面では、簡単に接触事故を引き起こしてしまう。それでも、トップクラスの選手がハンドルを握っているときには、周囲のレーシングカーとの間隔がたとえ50センチメートル以内であっても、全車一丸となった調和の取れた動きで見事にカーブをクリアーするのだ。

トップクラスの選手が乗るレーシングカーの周囲にある他のレーシングカーは、例えば周回遅れのものもあって周囲すべてのレーシングカーのドライバーが卓越した運転技術を持っているわけではない。それでも、トップクラスのドライバーが乗るレーシングカーの周囲を団子状態でカーブを曲がるときにも、そのすぐ近くを走っている周回遅れのドライバーが操るレーシングカーが何らかペースを乱すような動きを見せて事故につながることはないと聞く。たとえ周回遅れのドライバーが次の瞬間に下手な動きを見せるとしても、カーブで追い抜きをかけようとするトップクラスのドライバーが接近してきたときには、まるで蛇に睨まれた蛙の如くその下手な動きも出せないように操られてしまうようだ。その結果、何の乱れもないまますべてのレーシングカーが固まったままで見事にカーブを曲がりきっていく。

そう、トップクラスのＦ１レーサーは周囲を走る他のレーサーの心や動きまでをも巻き込んでしまい、周囲のレーシングカーもろとも調和に満ちた走りを実現させることができるのだ。

つまり、周囲を走る他のレーサーの心や身体動作がそのトップクラスのＦ１レーサー自身の心と身体動作に「同調」してしまうために、彼らが操るレーシングカーがすべて一丸となって流れるような走りを見せることになる。ある意味、これはトップクラスのＦ１レーサーによる「合気」の効果であるとも理解できるのではないだろうか。

武道格闘技の最終奥義である「合気」の達人であり、「武の神人」と謳われた大東流合気武術宗範・佐川幸義先生の道場訓には、

「合気は気を合わせることである。宇宙天地森羅万象のすべては融和調和によりて円満に滞りなく動じているのである。その調和が合気なのである。合気は自然の気なれば少しの蟠りもなく抗いもなく合一融合するものである」

という、「合気」の本質についての深い記述があった。これを見るかぎり上記のトップクラスＦ１レーサーもまた、この「合気」と呼ばれる武道格闘技の最終奥義をレース中に見事に体現

していたと考えられる。

しかしながら、静寂な道場や試合場の中でさえ実現が難しい奥義である。何台ものレーシングカーのエンジン音が激しく鳴り響く中を時速300キロメートル前後で疾走しているときに、このような精緻な奥義を体現することができるのだろうか？　僕自身もちろんこのような自動車レースに参加したことはないのであるが、ただこれまでの70年以上に及ぶ人生の中で一度だけ、そう、唯一度だけ自動車の高速運転中に異様な神秘的体験をしたことはある。

それは、僕がジュネーブ大学理論物理学科の講師をしていたときのことだった。西ドイツ（まだドイツは東西に分断されていた時代）のジーゲンにある工科大学の封筒で手紙が届いたことがあった。開けてみると、クリスマス休暇に入る前にセミナーの講師として招待したいとのこと。

西ドイツ北部に位置するジーゲンの街は、ジュネーブからだとかなり距離がある。普通ならば飛行機か国際列車で行くのだが、ちょうど手に入れたばかりの愛車ランチア・フルビアクーペの性能を試す絶好のチャンスだと考えた僕は、一人でハンドルを握った。

その車は、以前にモンテカルロラリーでも優勝したことのある珍しい3人乗りのクーペで、排気量が小さいくせに時速200キロメートル以上のスピードが出るという、高圧縮比のツインカムエンジンが売り物だった。ところが、スイスの高速道路は制限速度が時速130キロメートルと定められていたため、せいぜい時速150キロメートルくらいまでしか試せない。それが、速度無制限の西ドイツのアウトバーンを走れるわけだから、僕としては喜んで愛車を駆っていったのだ。

スイスと西ドイツの国境を越えフライブルクを過ぎたあたりに、アウトバーンが平地にどこまでも真っ直ぐ延びた場所があった。これなら高速運転に不慣れな日本人でも大丈夫だろうと考えた僕は、おそるおそるアクセルを踏み込んでいった。

スピードメーターが時速160キロメートルを超えたあたりからランチア特有のキーンという甲高いエンジン音が鳴り響くのに加え、ものすごい風切り音と激しい車体の振動音でテンションはどんどんと上がっていく。このままでは空中分解するのではないかという不安を無視するかのように、さらにアクセルを踏む右足に力を込める……。

そうして、ついにスピードメーターの針が時速190キロメートル近くを指すようになったとき、突如あの不思議な静寂の瞬間が訪れた。もう40年以上も前の出来事だが、今でもまるで昨日のことであるかのように鮮明に思い出すことができる、不可思議きわまりない体験の瞬間。

あれほど激しいエンジン音や風切り音が鳴り響いていた車内が、一瞬のうちにそれこそ何の音もしない完全な静寂の世界へと変貌してしまったのだ。おまけに、胃袋の中身をひっくり返すかのようなすごい振動もピタッと止まってしまい、まるで雲の絨毯の上を滑っていくかの如く車窓の景色だけがゆっくりと穏やかに流れていくのが見えるだけ。

ひょっとして時間が停止してしまったのかとさえ思ったのだが、不思議なことに不安とか怖さというものはまったく感じなかった。むしろ、何か非常に大きな存在に温かく見守られているという、根拠のない確信のようなものがあったために、このまましばらく様子を見てみようという気持ちにさえなっていたのだ。

そして、時速190キロメートルで突如出現してきたこの完全な静寂の世界の中で、自分の額の裏側としか表現できないところに、何か数式のようなものがフッと浮かび上がってきた。

アレッ、これは何だ！

初めてのことで戸惑っていた僕が不思議な印象の中でその数式をしばらく眺めていた次の瞬

間、車内は再び激しいエンジン音や風切り音に満たされ、車体も僕の内臓もガタガタ揺さぶられるようになってしまった。もちろん、もうどこを見てもそんな数式などありはしないし、そもそもアウトバーンの上を高速で運転しているわけだから、そんな気持ちのゆとりなどとても持てないのが普通。ついさっきまでの完全な静寂と平穏な瞬間が持続するほうが異常なのだ。

しかし、正常な状態に戻ったときの僕は急に不安になり、すぐにスピードを落としたあげく、今のは自分の頭がおかしくなっていたのだと決めつけていた。朝からずっと、慣れない手に入れたばかりの車を運転していたのだ。しかも、スイスのフランス語圏を出てからはドイツ語の道路標識しか出てこない道を高速で飛ばし続けてきた。そのために、脳みそが疲労困憊した結果、あんな変な妄想を見てしまったに違いない。

これは、そろそろ限界かもしれない。

そう判断した僕の目に、次の出口が近いことを示す標識が飛び込んできた。ちょうど時間も夕方近くになっていたため、今日はこのあたりのホテルに泊まって頭を冷やし、明日再びジーゲンへと向かうことにする。幸い、アウトバーンを出てすぐのところにヴァインハイムという小さな村があり、中心部にあった古びた宿に車をつけて聞いたところ、運良く空き部屋があるとのこと。

土地の人たちでにぎわう階下の食堂で分厚いトンカツを肴に冷えたドイツビールを何杯も飲み干す頃には、緊張しきっていた脳みそもほどよく解れてくる。その後部屋に上がって熱いシャワーを後頭部から浴びたときには、アウトバーンでの異常な体験のことなどもう忘れきっていた。

ところが、ところがだ。

明日の運転に備えてゆっくり眠るぞと思って、大きなベッドに背中から倒れた瞬間、アレッ、待てよ……。そういえばあのときに見えた数式は……。意外にはっきりと数式の詳細を思い出すことができた僕は、すぐに起き上がって宿の便せんにその数式を書き出してみた。

明らかに何かの方程式なのだが、これまでどこでも見たことのない形であるにもかかわらず、何か懐かしい感覚がある……。

これが、後にヤスエ方程式あるいは、オイラー・ヤスエ方程式と呼ばれることになる、量子力学におけるまったく新しい基礎方程式を発見したときの不思議な出来事。

しばらく紙の上の方程式を眺めながら、いったいこれは何を意味するのかと考えていくうちに、ふと方程式に含まれる関数の中に具体的な形を入れてみたらどうなるだろうかと思い、いくつか計算してみた。すると、どうだ。1964年にプリンストン大学の数学者エドワード・ネルソン博士が発見していた方程式が導けてしまった。

ということは、目の前にある不思議な方程式は、すでに知られていた方程式を一つの特殊ケースとして含む、より一般的で普遍的な基礎方程式に違いない。しかも、しかもだ。ネルソン博士はその特殊ケースでしかない方程式から出発して、原子や分子のスケールでの運動方程式としての地位を確立していた、あのシュレーディンガー方程式をも導き出していた。つまり、このアウトバーンで見つけた方程式から出発して量子力学のシュレーディンガー方程式が得られるということになる！

一つの重要な方程式を発見したと実感した僕は、興奮して眠れなくなってしまったため、再び服を着て階下の食堂脇のカウンターに陣取り、その村で造られたという白ワインを飲みながら（村の名前は実際に「ヴァインハイム」、ドイツ語で「ワインの家」だったのだ）、方程式発見の余韻に浸った。

思えば、理論物理学者として人生最大の幸せを得ていたのだが、それが可能になったのは僕がコツコツと努力したからでも頭脳明晰で優秀だったからでもない。アウトバーンを時速190キロメートルで飛ばしていたあの瞬間に、目に見えない数学的真理の世界に迷い込んでしまった僕の魂が最初に目にした方程式の風景を、何とか現実の世界にまで引き出してくることができたからにすぎないのだ。

まさに、その年のクリスマス時期に神の恩寵によって授かったとしか思えない！

その上、スイスのチューリヒ大学教授だったシュレーディンガー自身が1925年のクリスマスに神の恩寵で授かった、シュレーディンガー方程式をも導き出すことができる極めて深いレベルの方程式なのだ。

もちろん、これはあくまで僕が一人で高速運転をしていたときに得た非常に特殊な体験であり、そのまますぐにF1レーサーによる同調現象の解明につながるものではない。しかしながら、僕が運転免許を取得して5年後、初めて海外での左ハンドル右側通行の運転を始めたばかりのとき、しかも手に入れたばかりのイタリア製の中古スポーツカーで、これまた初めて時速190キロメートルというスピードを出したときの精神的重圧の大きさは、時速200キロメートルを超える速さで何台もが団子状態でカーブに接近していくときのＦ１レーサーのそれに優るとも劣らないはず。

そう、僕の体験が精神的重圧によって「高次元空間」に存在する僕の本質部分による神秘的な働きを引き起こしたものだと考えるならば、トップクラスのＦ１レーサーもまた「高次元空間」にある本質的存在の働きを引き出すことで、周囲を団子状態で走る他のＦ１レーサーの心と身体を同調させたと考えられるのではないだろうか。

当時初めて日本から離れ、右も左もわからない異国スイスのジュネーブ大学において物理学基礎理論の研究を始めたばかりの僕だったからこそ、「高次元空間」に存在する自分の本質部分の側に中心が移って真理を垣間見ることができた……。

一方、Ｆ１グランプリで世界を転戦しているトップクラスのＦ１レーサーの場合には、文字どおり全身全霊で他のＦ１レーサーと自分自身の命の危険をギリギリのところでかわしながら、集団から前に抜き出るための高度な運転に明け暮れる……。そのような状況に置かれたトップクラスのＦ１レーサーであればこそ、極度の精神的重圧によって中心が「高次元空間」に存在する本質部分の側に移った場合においては、真理を垣間見るという奇跡的体験を得ることだけではなく、周囲を団子状態で走る他のＦ１レーサーの「高次元空間」に存在する本質部分との間に何らかか高次元特有のつながりを得ることで彼らの心と身体を同調させたかの如き、見事なまでに調和に満ちた集団運転行動が生じると考えられるのではないだろうか。まさに、武道格闘技の最終奥義である「合気」の理合と通底しているかのようなのだから。

これと似た状況は、例えばロシアのヴァレリー・ゲルギエフのような世界的な指揮者がオーケストラの団員全員の心と身体を同調させることで、調和と感動に満ちた荘厳極まりない演奏を引き出す場面でも見られる。

そう、

「人間の本質は『高次元空間』に存在する」

からこそ、

「人間は他の人間との間に『高次元空間』を通じて調和に満ちたつながりを生むことができる」

のであり、これこそが武道格闘技の最終奥義である「合気」の理合となっていることは佐川幸義先生の道場訓、

「合気は気を合わせることである。宇宙天地森羅万象のすべては融和調和によりて円満に滞りなく動じているのである。その調和が合気なのである。合気は自然の気なれば少しの蟠りもなく抗いもなく合一融合するものである」

から推し量ることもできよう。

ただし、このように「合気」を、

「相手との間に『高次元空間』を通じて調和に満ちたつながりを生むこと」

とするならば、相手がこちらに向かって抗えなくなるのは理解できるが、まるで木偶《でく》の坊に

なったかの如くいとも簡単に倒されてしまうことまでは説明がつかない。武道格闘技の最終奥義についての真の理解のためには、さらにこのミッシングリンクを埋める必要があると思われる。

10 高次元遮断という逆理

前節の最後で指摘したとおり、大東流合気武術宗範・佐川幸義先生による究極の合気技法で無力化された相手の身体は、まるでマネキン人形であるかのように簡単にその場に倒されてしまう。したがって、合気の理合あるいは原理を、

「人間の本質が『高次元空間』に存在するために、人間は他の人間との間に『高次元空間』を通じて調和に満ちたつながりを生むことができる」

という真実に求めるだけでは、

「相手の身体が無力化され抗えなくなる」

ということは理解できても、その場にいとも簡単に倒されてしまうという事実は未解明のままとなっていた。つまり、

「相手との間に『高次元空間』を通じて調和に満ちたつながりを生むこと」

が「合気」のすべてではなく、何らか別の作用が加わって初めて完全なものとなると考えられるのだ。

では、そのような働きについての最有力候補としては、如何なるものがあるのだろうか？　それを見極めるための手掛かりとしては、すでに「佐川道場先輩の教え」と題する節において触れた塩坂洋一先輩による、

「空間の多次元構造を用いる合気」

こそが佐川先生が晩年に体現していた究極の合気技法だったという気づきがある。そして、これまた「二足直立の不思議」と題する節ですでに指摘しておいた、

「人間の本質が『高次元空間』に存在するために、人間は常時安定に二足直立することができる」

という事実を考慮するならば、「合気」をかけられた相手が木偶の坊のように簡単に倒されてしまうためには、常時安定に二足直立することができない状況に陥る必要がある。すなわち、本来ならば「高次元空間」に存在するはずの相手の本質部分を「高次元空間」から切り離す、あるいは3次元空間に束縛させてしまうことが必要となる。なぜなら、そうすることで相手はもはや常時安定に二足直立することができなくなるため、マネキン人形と同じでわずかの力を加えるだけで簡単に倒れてしまうからだ。

このような考察によって、武道格闘技の最終奥義と位置づけられる「合気」の真の理合とし

では、単に、

「人間の本質は『高次元空間』に存在する」

という真実に裏づけされた、

「相手との間に『高次元空間』を通じて調和に満ちたつながりを生むこと」

を利用して、

「相手の本質を『高次元空間』から切り離す」

ことで、相手を常時安定に二足直立することができない状態に変容させた上で木偶の坊の如く軽く扱ってその場に倒すという作用機序が浮き上がってくる。つまり、

「人間の本質が『高次元空間』につながっている」

という極めて奥深い事実を一つの「逆理」として利用することが「合気」の究極技法となるのだ。

以下においては、

「相手の本質を『高次元空間』から切り離す」

というこの究極の合気技法を、

「高次元遮断（Higher Dimensions Cut-Off 略して HDCO）」

と呼ぶ。

では、実際問題としてこの「高次元遮断（HDCO）」を体現するためには、いったい如何なる手法あるいは作法といったものが必要となるのだろうか？　理合や原理が判明し、その作用機序も解明されたからといっても、単に究極の合気技法に理論的に迫ることができたにすぎない。現実にその究極の合気技法を自在に操ることができるようになるには、理論を実践するための適切な術理や作法技術が求められるはず。

だが、but、しかし！

ここで求められているものは、

「相手の本質を『高次元空間』から切り離す」

という、一見して気が狂ったとしか思えないようなことなのだ!!

武道格闘技に身を投じた方々のみならず一般の皆さんにとってもまさに荒唐無稽、いや支離滅裂で意味不明な戯言としか思えないことをやってみせろというわけなのだ!!!

普通ならばこの段階で完全にお手上げ状態となり、せめて理屈の上で究極の合気技法の解明に到達できただけでも希有な幸運に恵まれたのだと自分にいい聞かせる他ないはず。

この「高次元遮断」という究極の合気技法を体現していたとおぼしき三人の達人、大東流合気武術宗範の佐川幸義先生、合気道創始者の植芝盛平翁、ロシア武術システマ創始者のミヒャエル・リャブコ師は残念ながらすでに他界されてしまっている。もしもご存命であったなら、このお三方の前に臥してお願いし、どのような身体的操作あるいは内面的操作によって、

「相手の本質を『高次元空間』から切り離す」

ことを体現することができるのか教えを請うところだ。

だが、時すでに遅し！　半世紀以上に及ぶ僕個人の合気探究の旅も、もはやここまで!!　ところが、ところが……なのだ。すべてを捨ててあきらめかけていたそのとき、僕の心の奥底に荘厳な言葉が木霊する。

「いつでも好きなときに高次元でピラミッドの王の間につなぐことができる」

そう、この僕は、

「ピラミッド次元転移」

あるいは簡単に、

「次元転移」

と名付けた不思議な神秘的技法を授かっていたのだ。そのために、わざわざエジプトのギザまで行って大ピラミッドの王の間において姪相手に「ハトホルの秘儀」に参入したのだった。そのおかげで、僕自身もう完全に忘れかけていたのだが、そのとき以来どういうわけか確かに僕は「高次元空間」に働きかけることができるようになっていたのだ！

11 次元流合気開眼

決して自らが望んでわざわざ国内情勢が混乱に向かいつつあったエジプトに行き、ギザの大ピラミッドの王の間の中でハトホルの秘儀に参入してきたわけではなかった。どういうわけか昔からの知人が大ピラミッド王の間の貸し切りツアーに参加することになり、僕は単に誘われただけだった。それまでピラミッドや古代エジプト文明の遺産などにはまったく興味がなかったのだが、せっかく訪れるならと思い事前に少し調べてみると、魂の救い主となるイエスも当時マグダラのマリアとピラミッドの中で「ハトホルの秘儀」に参入してキリスト（救世主）となったという説もあるということがわかる。そのとき、古代エジプト王朝ではピラミッドで執り行われていたと教えられていた伯家神道の祝之神事こそがハトホルの秘儀に違いないと確信できた僕は、巫女役の姪と古い門人の服部由季夫氏を神官役として同行してもらい、現地で姪相手にハトホルの秘儀に参入することにしたのだ。

すでに「ピラミッド次元転移」及び「次元転移の威力」と題した2節で詳しくお伝えしたとおり、エジプトから戻ってからの僕の身には不思議な神秘体験が目白押し。その詳細については、拙著『伯家神道の祝之神事を授かった僕がなぜ――ハトホルの秘儀inギザの大ピラミッド』（ヒカルランド）に書かれているとおりなのだが、直後から僕は、

「いつでも好きなときに自分がいる場所を高次元でピラミッドの王の間につなぐことができる」

という「次元転移」なる技法を操ることができるようになってしまっていた。

そう、まさに神様にいただいた御縁としかいいようのない流れの中で、現代においてはおそらく他の誰一人として手にしたことがないであろう「次元転移」の能力をはからずも身につけてしまっていたのだ。つまり、この3次元の立体空間の背後に隠されている「高次元空間」に何らか働きかける能力を持ち合わせていたわけ。でなければ、

「相手の本質を『高次元空間』から切り離す」

という究極の合気技法「高次元遮断」をこの僕が自在に操ることができるなど、絶対に無理な話だったはず。まさに、神の恩寵によって「合気の起源」を解明することができただけでなく、その真の合気技法をこの身で体現するために必要となる秘技までも知らず知らずのうちに授けていただけていたのだ。キリスト教カトリックの聖人として奉られるフランスの修道女である聖ジュリー・ビリアートの有名な言葉、

「ああ、良き神の、何と良きことかな！」

を思い出さずにはいられない。

どう見てもいわゆる「他力本願」で手に入れたとしか思えない究極の合気技法ではあっても、こうして真の「合気開眼」を得た僕は隠遁者マリア・ヨパルト・エスタニスラウ神父様から受け継いでいたキリスト伝来の活人術「冠光寺眞法」の延長線上、新たに「次元流合気術」

と呼ぶべき武道格闘技の流派を興すことにした。「次元転移」によって「高次元遮断」を具現し、

「相手の本質を『高次元空間』から切り離す」

ことで相手を常時安定に二足直立できない状態として無力化してしまうという究極の合気技法を「次元流合気」あるいは「空間合気」とするのである。

以下に続く第2部においては、この「次元流合気」の様々な技法実践の場面を具体的に写真解説を多用することで、その本質に迫っていくことにしたい。

第2部

次元流合気【実践編】

1 奥の手

僕が「次元流合気術」の基本である「高次元遮断」を実際に体現する技法として、広島の超能力者による手の動きを真似たのだったが、そのとき「奥の手を出す」という常套句が僕の脳裏をかすめた。「高次元遮断」という秘技を実践するとき、最も重要なことが「奥の手」の存在を感じ取って自在に操ることなのだ。日本語における表現として古来より、

「奥の手を出す」

というものがあるが、現代ではそれを、

「何らかの対戦において絶体絶命の不利な状況に陥ったときなどで、最後の最後に強力無比な作戦を出してくる」

といった意味にしか理解できていない。将棋や囲碁のような遊技の場面では、定番の守りが破られたときに繰り出す「穴熊」などの鉄壁な陣営を築く差し手などが「奥の手」といわれるものになる。しかしながら、このような浅い理解では「奥の手」の本当の意味を推し量ることはできない。

神戸で「無住心会」という武術道場を主宰している近藤孝洋師範は、古代の日本人が正しく理解していた、

「人間には肉体レベルでの手が2本あるのに加え魂レベルの手があり、それを『奥の手』と呼ぶ」

という事実を現代に伝えてきた唯一の武道家である。師のご著書、

『極意の解明――一撃必倒のメカニズム』(愛隆堂)
『武術極意の本当の話。――古流剣術・古流柔術・古伝中国拳法の秘術の探求』(BABジャパン)

にも次のような主旨の記述が見られる。

「人の体は三つある。肉の体(肉体)、気の体(メンタル体)、そしてアストラル体。極意とは……まず肉の体、完全停止。次いで気の体、完全停止。さすればアストラル体から発せられる気よりも微細なエネルギー『神《しん》』が作動。この神は微細なるが故に絶対に察知されぬ。その見えざる、感じざる神を使って技をかけることこそが極意!」

そう、我々人間には3次元空間の中に存在する身体の一部としての両手の他に、目に見えない、つまり「高次元空間」に存在する「手」があり、その存在を理解していた武道格闘技の達者が古来よりそれを「奥の手」と呼んでいたのだ。現代では最後に出すために温存していた秘策のことを間違って「奥の手」と呼ぶようになってしまっているのだが、「奥の手」の真意は3次元空間の背後に隠れている「高次元空間」の中に我々の本質の一部として存在する「手」のことに他ならない。そして、その高次元の「手」を用いることを「奥の手を出す」と表現することになる。

では、「奥の手を出す」ことによっていったい何がどのようになることで、それまで不利な状況に陥っていたものがガラリと変わって逆転することが可能になるのだろうか？　この疑問に正しく答えるためには、「次元流合気術」の理合である「高次元遮断」に頼る必要がある。すなわち、

「相手の本質を『高次元空間』から切り離す」

ことにより、常時安定に二足直立することができなくなって簡単に倒れてしまう状態に相手を追い込むための技法が「奥の手を出す」ことに他ならないのだ。このように「奥の手を出す」

ことを、我々が「高次元空間」の中に持っている「手」を利用して相手の本質を「高次元空間」から切り離すことだと考えるならば、「奥の手」こそは「高次元遮断」を誘導するための唯一の道具であると考えられる。だからこそ、3次元空間の中に存在する我々が常に用いることができる2本の身体的な「手」だけでなく、通常は誰もその存在を知ることさえできない高次元の「手」である「奥の手」の存在を感じ取ることに加え、その高次元の「手」をも自在に操って相手の本質を「高次元空間」から切り離すことに熟達しなければ、究極の合気技法である「空間合気」や「次元流合気」を体現することはできない。

しかしながら、3次元空間にある「手」であればある程度自在に動かすことは誰にでもできることであろうが、まったく見ることもできない、感じることすらできない「奥の手」をどのようにして働かせることができるのであろうか？　さらには、よしんば何とか操ることができたとして、相手の本質を「高次元空間」から切り離すためには、いったい如何なる操作をすればよいのだろうか？

解明の糸口は、やはり武道格闘技の最終奥義と目される「合気」を体現している先達の動きにある。拙著『合気五輪書（下）』中の「風の巻」で紹介したそのような「合気達者」の多数派が「空手家」であったことだけからでも容易に想像することができるかもしれないが、実は「空手」や「少林寺拳法」、さらにはその源流といわれる「中国拳法」で多用される稽古法である「型」にすべてが隠されているのだ。

古来より中国大陸との交流があった琉球王国では、伝わってきた中国拳法の技法が様々な形で根づくことで「空手」の源流である「手《てぃ》」と呼ばれる拳法体術が生まれた（諸説あり）。合気達者の一人であった上原清吉宗家が世に広めた「本部御殿手《もとぶうどぅんでぃ》」がその代表格であるが、琉球王国から沖縄になってから現地ではこれら「手」を総称して「唐手《からて》」としていたようだ。「唐」つまり中国大陸から伝わった「手」ということだが、その「唐手」を日本の本土に伝えた船越義珍が徒手空拳の武術技法ということで「空手」と表記したため、その後は「空手」が一般的となったという。

確かに、「徒手空拳」は何も武器を持たずに素手で相手を制するという意味に解されてはいる。しかしながら、中国では「拳法」、琉球では「手」、沖縄では「唐手」と呼ばれてきたものが、日本の本土に伝わってきたときになぜか「空」という文字が加わって「空手」と呼ばれることになったという事実の裏に、縄文文化から奈良・飛鳥以降の大和文化を育んできた日本風土の特質を感じるのは僕だけではあるまい。そう、「空手」の「空」は「空間」の「空」であり、「空手」の意味するところは「手」で「空間」を操ることで相手を制する技法ということなのではなかったのか!?

さらに深読みするならば、「奥の手」で「高次元空間」を操作して相手を制する技法こそが「空手」の本質とも考えられるのではないのか!!

換言するならば、この意味で、

空手＝合気

ということなのだ。だからこそ、『合気五輪書（下）』の「風の巻」で示した上原清吉宗家、柳川昌弘創師、麻山慎吾館長という空手家が合気達者となり、また『合気五輪書（上）』においても触れた少林寺拳法の宗道臣開祖や映画出演で世界的に有名になったブルース・リーなどの拳法家も合気達者になったに違いない!!!

では、これら空手家や拳法家の合気達者が如何にして「奥の手」を感じ取り、それを見事に操って「高次元空間」を変容させる技術を身につけたのかというと、それが「型《かた》」による稽古であったのだ。これについては、特に真義館空手の麻山慎吾館長がかねてより明言している。

フルコンタクト空手の指導者として米国に渡ったとき、巨体で剛力のアメリカ人空手家や格闘家相手に一度でも負けたら終わりという状況で、唯一頼ることができた自分自身の肉体をとことん鍛え抜いた結果、その強大な筋肉が逆に骨格や内臓を圧迫して痛めてしまった。こうして引退までをも考えつつあったとき、ふと閃いたのがウェイトトレーニングやスパーリングあるいは組手といったそれまでの激しい稽古をすべて取り止め、伝統空手の「型」のうち基本的なものだけを続ける単独動作稽古と自分で考案した体操を続けることであったという。それを続けていくうちに、

「型と体操を始めて約1年、座っていると腰がグイッと動いたのを感じた。後ろに凸に丸まっていた腰椎が、前に押し出されたのである。腰が押し込まれて仙骨が立った状態になったのだ。その瞬間、腰が正常になった」

さらには、

「相手の周りに光る点が見え、そこに拳を出す、身体を進める、蹴りを出す——すると相手は無抵抗で倒れてしまう」

という不思議な体験を得ることになった。その結果として、麻山館長は究極の合気技法を会得し、真義館空手の創師として広く後進を指導することになる。

このことからはっきりとわかるように、伝統空手の「型」こそは武道格闘技の最終奥義である「合気」を修得するための王道であり、古来より明かされることのなかった「合気の起源」が「空間」の多次元構造と多重性にあるという重要な気づきを得るための布石ともなっていたのだ。思えば今から20年前に『合気開眼——ある隠遁者の教え』(海鳴社)を上梓した直後に、当時かろうじて「合気」の入り口に差し掛かっていた僕の真偽のほどを見極めようと岡山にあった野山道場の門を叩いてくれた武道家の半数以上が空手家だったことも、今から考えると大いに納得できるところではある。『合気五輪書(上)』を捧げた故炭粉良三氏もその一人であったし、毎週神戸から大型スクーターで通ってくれた畑村洋数氏は自らが率いるフルコンタクト空手の流派に、新たに「氣空術」と名づけ「空手」と「合気」を融合した斬新な武術体系を興した。これについては、炭粉氏の力添えで実現した畑村氏の著作

『謎の空手・氣空術――合気空手道の誕生』（海鳴社）

『続 謎の空手・氣空術』（海鳴社）

に詳しいのだが、惜しむらくは畑村洋数氏も2023年の春に炭粉良三氏が待つ天国へと旅立ってしまった。残念でならないが、今頃は神戸から天国へと場所を変えていつもの真剣勝負のスパーリングを二人で楽しんでいるに違いない。

もちろん、少林寺拳法の稽古は「型」のみとなっているため、我が国において全国各地で気軽に門を叩くことができる「合気修得」への入り口としては、「合気道」よりも「伝統空手」や「少林寺拳法」の道場・道院を選ぶのがよいのではないだろうか。

2 空間圧力

我々人間の本質が「高次元空間」に存在し、それが3次元立体空間に存在する人間の体を常時二足直立できるように安定させているという事実は、

「3次元空間の体が安定に二足直立するための前後左右からの力が『高次元空間』から作用している」

と表現することもできる。しかしながら、「高次元空間」あるいは「高次元空間からの作用」などは実際に見ることも感じることもできないわけで、武道格闘技に興味のある一般の人々にとってはまさに「荒唐無稽」なこととしか映らないだろう。世の中からは「変人」のレッテル

を貼られることの多い理論物理学者にしかできない、屁理屈や妄想の類と思われるのが関の山。

そこで、本書第2部「次元流合気【実践編】」においては武道家や格闘家の理解を助けるために、「高次元空間」とか「高次元空間からの作用」といった用語をできるだけ排し、方便として、

「3次元空間が何らかの物理的な働きを持っている」

と考えることにする。そして、（本当は）「高次元空間」から3次元空間へと作用し、3次元空間の中で人間の体を常時安定に二足直立させている前後左右からの力を、便宜上「空間圧力」と呼ぶ。そうすると、「次元流合気」の根幹を与える「高次元遮断」を、

「相手の体を周囲の空間から切り離して空間圧力を受けられなくする」

と理解することができる。

武道格闘技の最終奥義としての「合気」の術理としてであれば、このように「空間圧力」をキーワードとして理解するほうがわかりやすいかもしれない。その場合には、「高次元遮断」という表記の代わりに「次元遮断」ないしは「空間遮断」を用いるのがよいだろう。この意味で、「次元流合気」はまさに拙著『合気五輪書（下）』で公開した「空間合気」そのものともいえる。同時に、「高次元空間」の中に存在する人間の本質の一部としての「奥の手」もできるだけ前面には出さず、3次元空間の中にある「手」やその他の存在が持つ働きによって「空間遮断」を体現することができるとしておく。

以下においては、この方便に基づく便宜的な表現を主に利用することになるが、必要によっては「高次元空間」を入れた正しい理解表現を用いることもある。

3 手刀斬り合気

我々が求める「次元流合気術」の体系において「空間遮断」を体現する最も基本的な作法が「手刀斬り」である。「手刀」とは空手や拳法、あるいは古流柔術などで多用される手の形であり、人差し指、中指、薬指、小指の4本を真っ直ぐ平行に揃え、肘から先が刀身の如く張り切った状態の手のことである。

拙著『合気五輪書（下）』の「風の巻」において論じたように、手を「手刀」の形にすることで肘から先の腕の骨や指の骨を通して相手の体に「外力」を効果的に作用させることができるだけでなく、こちらの体全体を有機的につながった動きができる調

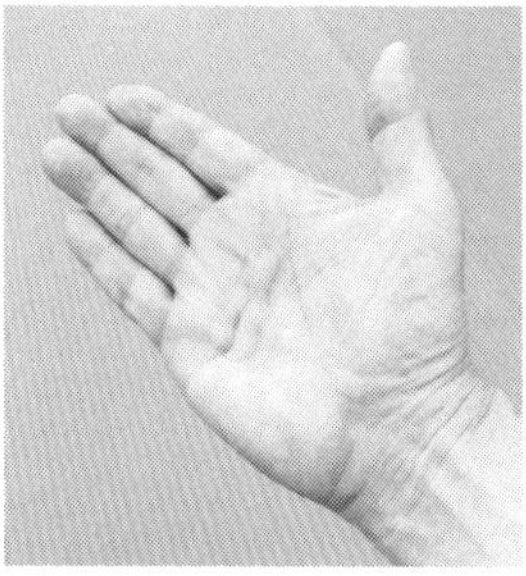

手刀の形

和に満ちた状態に持ち込むことができる。これは煎茶道黄檗売茶流の中澤孝典家元の「お手前」や京舞井上流の日本舞踊の基本所作となっているだけでなく、本部御殿手の上原清吉宗家のご指摘にある如く琉球舞踊と本部御殿手の動きの基本でもある。これについては、宮城隼夫師による『琉球秘伝・女踊りと武の神髄』（海鳴社）に詳しい。

このように「手刀」とした片手あるいは両手を動かして、

「相手の体部分の全体を包むかのように周囲の空間から切り離す」

ことにより「空間遮断」が生じ、

「相手は空間圧力を失って安定な二足直立を維持できなくなる」

という「空間合気」つまり「次元合気」が発動する。この作法は「手刀斬り合気」あるいは単純に「手刀斬り」と呼ばれる。

手刀斬り合気

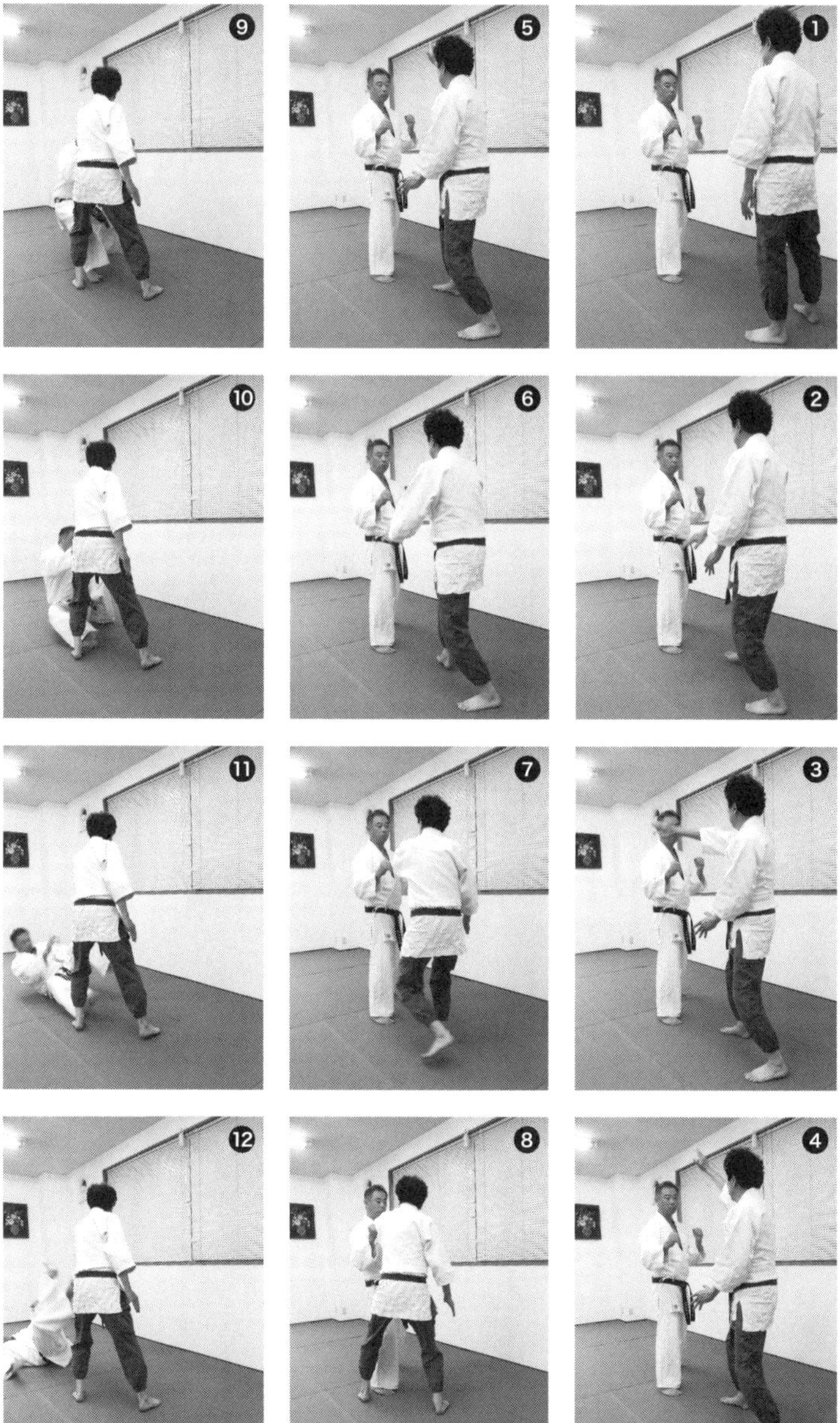

また、

「手刀斬りによって相手の体の『天』（頭上）の空間部分を切り離す」

ことによっても、

「相手は頭上から引き上げてもらう空間圧力を失い安定な二足直立を維持できなくなる」

という「空間合気」が発動する。これは「天手刀斬り合気」と呼ばれる。

同様に、

「手刀斬りによって相手の体の『地』（足下）の空間部分を切り離す」

天手刀斬り合気

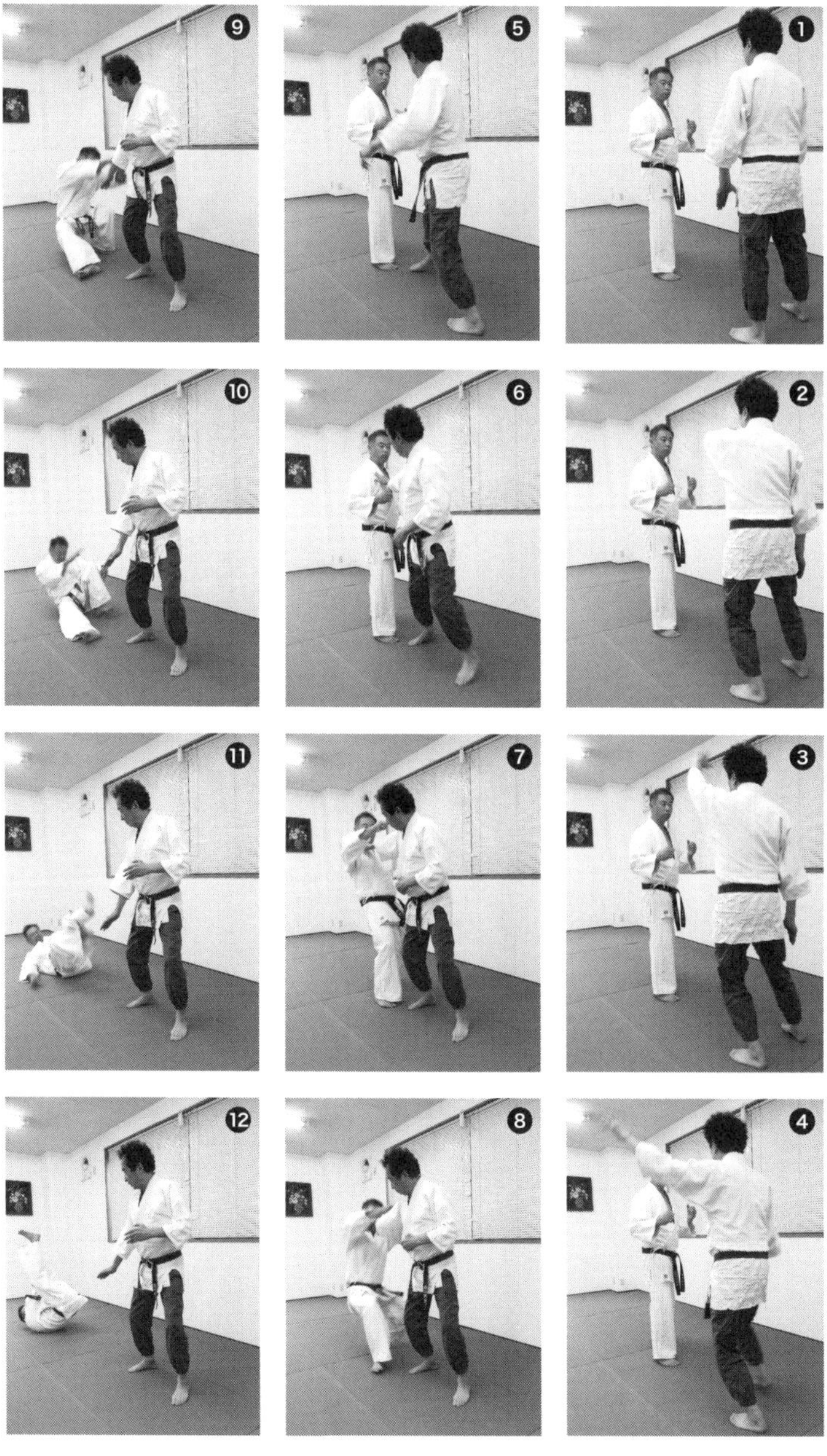

ことによっても、

「相手は足下から支えてもらう空間圧力を失い安定な二足直立を維持できなくなる」

という「空間合気」を体現することもできる。これは「地手刀斬り合気」と呼ばれる。

さらには、左右の手でそれぞれ「天手刀斬り」と「地手刀斬り」を行うことでより効果的に「空間合気」を発動させることもできる。これは「天地手刀斬り合気」と呼ばれる。

合気道の投げ技として知られる「天地投げ」は、明らかにこの「天地手刀斬り合気」を発動させておかなければ実現できない。実際のところ、単に「天地投げ」の動作をしてみたところで相手は投げ倒されるどころか、崩れることもない。

しかしながら、「天地投げ」の動作の中で「天地手刀斬り合気」を発動させておくならば、相手の体は簡単に崩れてしまう。

地手刀斬り合気

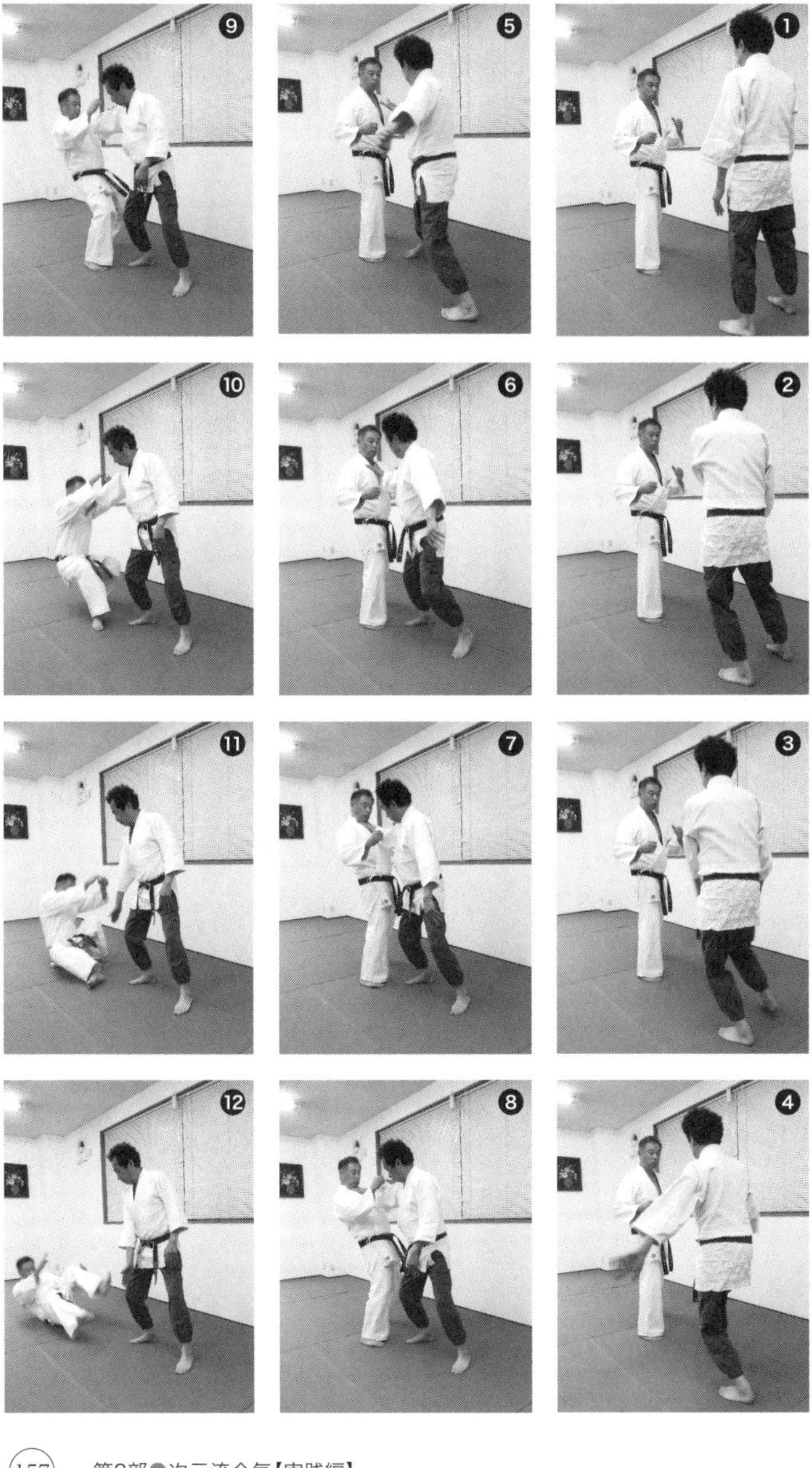

天地手刀斬り合気

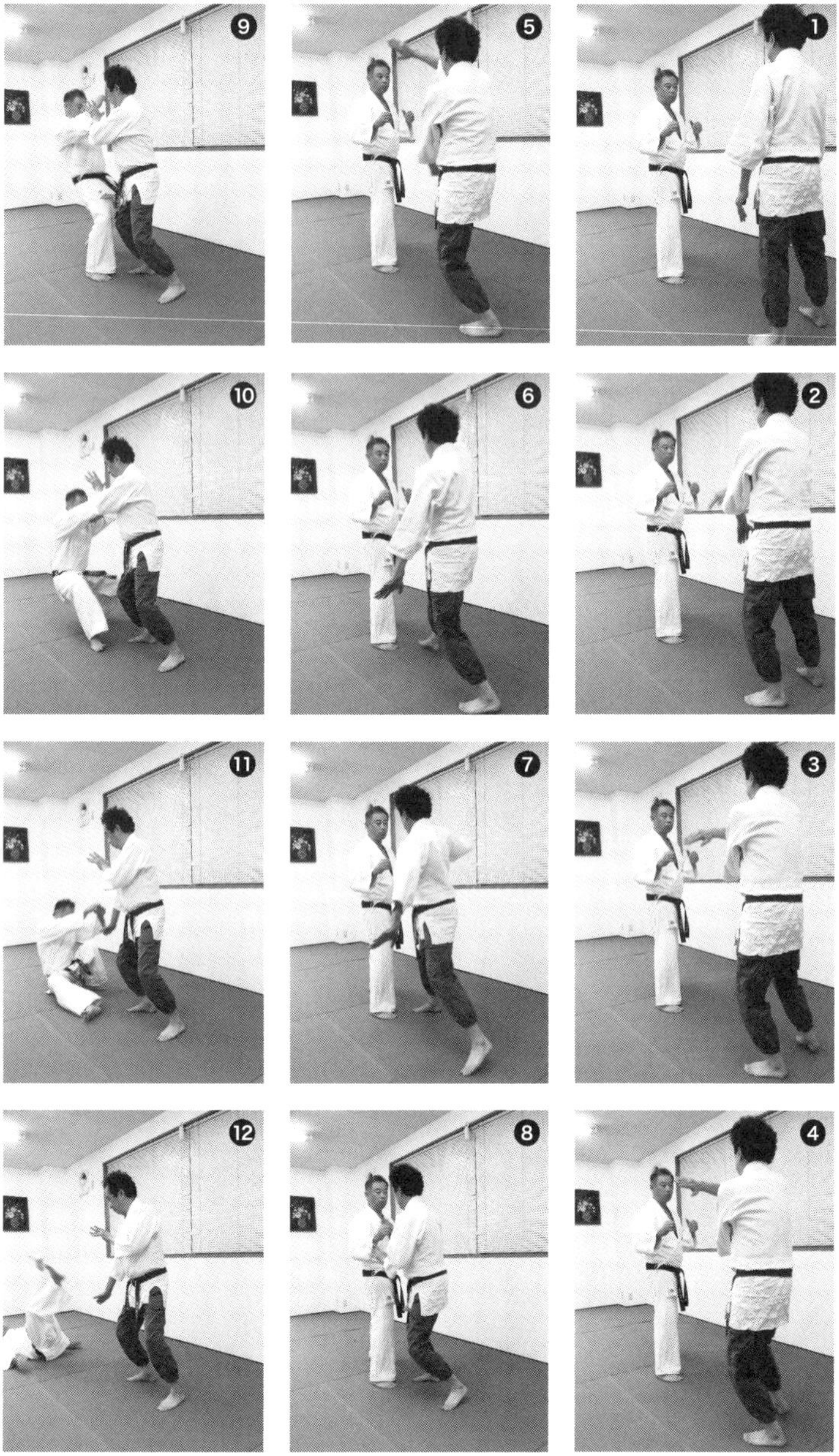

動作のみの天地投げだと反対に投げられてしまう

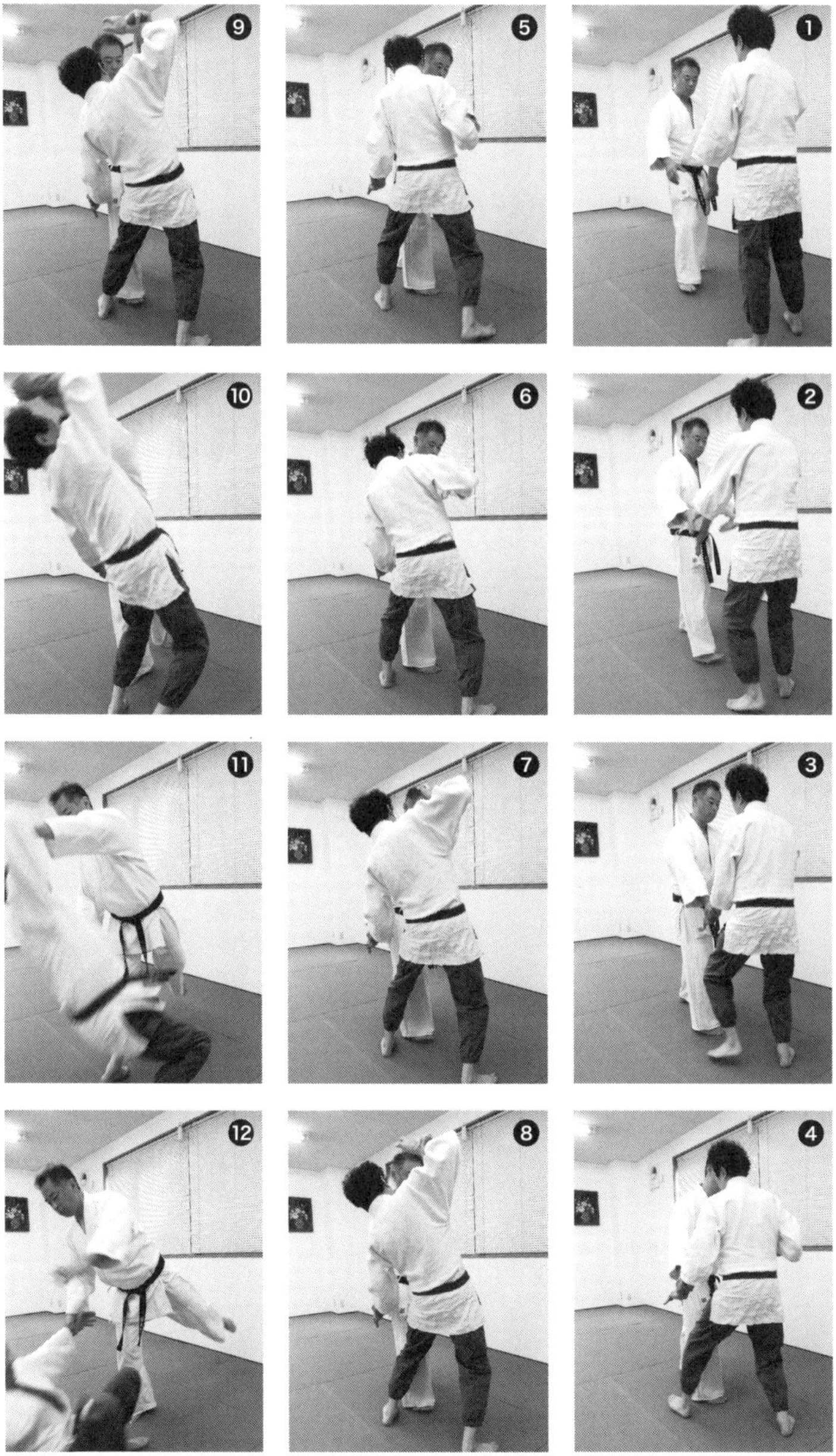

天地手刀斬り合気による天地投げ

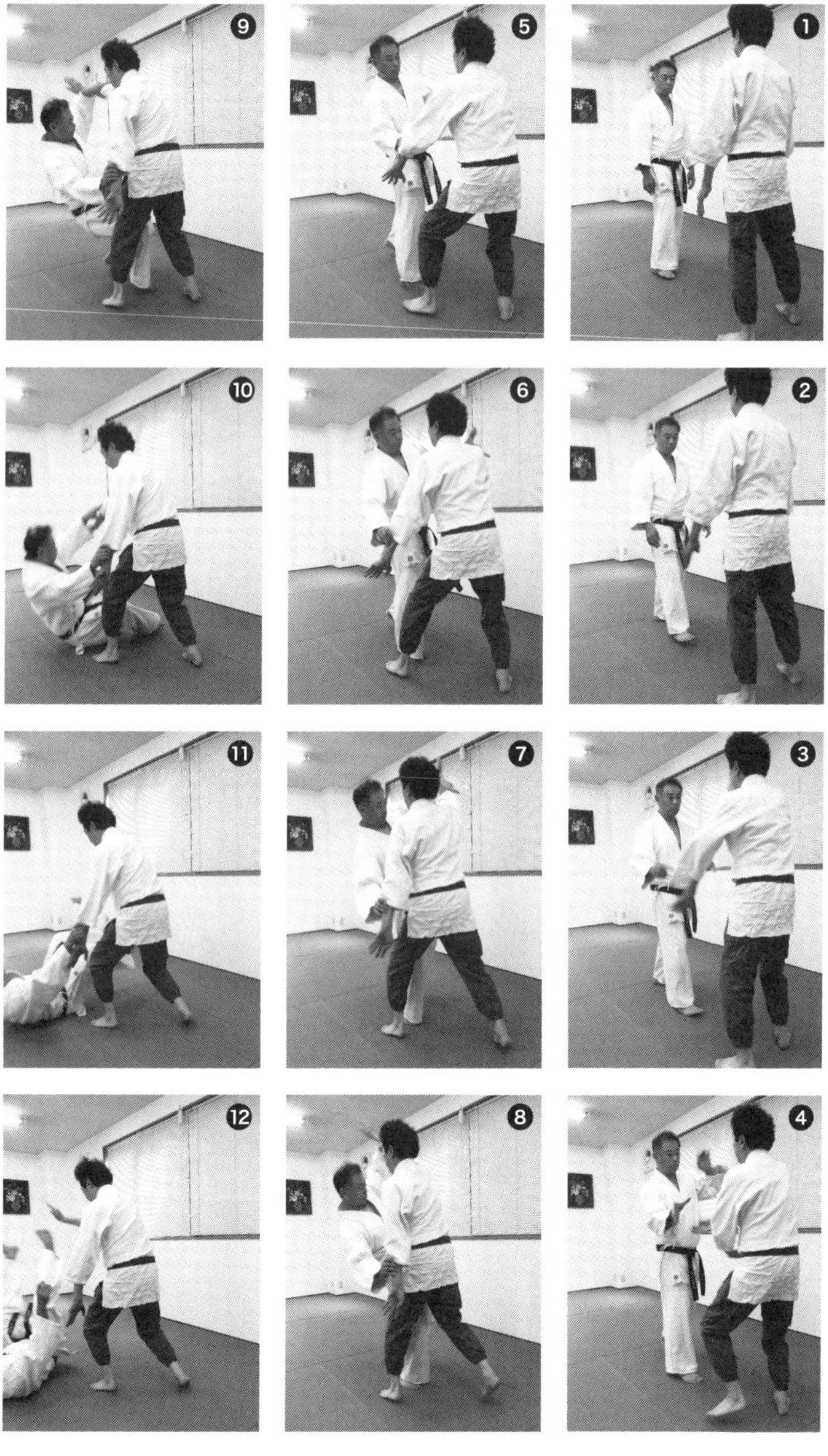

4 視線斬り合気

次元流合気術において「高次元空間」の「奥の手」を誘導するための初歩の作法に「視線」を用いるものがある。「手刀」の代わりに「視線」を利用するのであるが、それは、

「視線で相手の体部分全体を包むかのように周囲の空間から切り離す」

ことによって「空間遮断」を発生させることで、

「相手が空間圧力を失い安定な二足直立を維持できなくなる」

という「空間合気」ないしは「次元合気」を発動させるものに他ならない。これを「視線斬り合気」と呼ぶ。

このように、我々が相手や周囲の状況を視覚認識する場合に登場する「視線」が「奥の手」を誘導するための初歩の作法となっているということに違和感を覚えた向きも少なくないかもしれない。「視線」などという非実体的なもので、「手刀」と同様に「奥の手」を操ることができるとは考えにくいからだ。しかしながら、古来より、

「目は魂を映し出す」

とか、

「目は口ほどにものをいい」

視線斬り合気

などの表現が一般の人々の間で用いられてきただけでなく、武道においては、

「目付の大事」

と称し、「視線」の収め方を最も重要視してきたのも事実。もちろん、その真意はすでに失伝してしまい、いったい何故に「目付け」つまり「視線」の収め方が武道作法の根本に置かれてきたのかを理解している武道家や格闘家は皆無に近い。

ここで真実を述べるならば、我々人間の視覚認識は3次元空間内の体の一部としての眼球組織や脳神経組織のみで生じているのではなく、実は「高次元空間」の中に存在する我々の本質である「身《しん》」の働きによるところが大きい。これについては、すでに本書第1部「次元流合気【開眼編】」において「ヤオイズムの教え」と題して論じておいた。つまり、我々の視覚は3次元空間の体だけでなく「高次元空間」の「身」によっても生み出されているものであり、その中でも特に「視線」と呼ばれるものは「高次元空間」の中にある「身」の一部としての「奥の手」が延びてきている部分に他ならない。

武道の達人が「視線」によって対戦相手を身動きできない状況に追い込んだという伝承は少なくないが、このような、

「蛇に睨まれた蛙」

の如く、

「視線によって釘付けされる」

状態は現代の武道格闘技の場面においてもある程度は見られる現象ではある。そのようなことが実際に生じることからも、

「視覚視野の中で注意を向けた部分に向かって『高次元空間』の『奥の手』が延びていく」

ことで「視線」が生まれ、その「視線」を視覚視野の中で動かすことによって「奥の手」を自在に操ることを理解できるだろう。

こうして、

「視線で相手の体部分を一周見回す」

という「視線斬り合気」によって「手刀斬り合気」と同様の効果を引き出せることが判明したのだが、これは特に何らかの事情で3次元空間の中で「手」を動かすことができないときに役に立つ。

また、次元流合気術におけるより高度な「視線斬り合気」の作法としては、

「視線で相手の体の一部分だけを包むかのように相手の体の部分を含む周囲の空間から切り離す」

視線斬り合気上げ

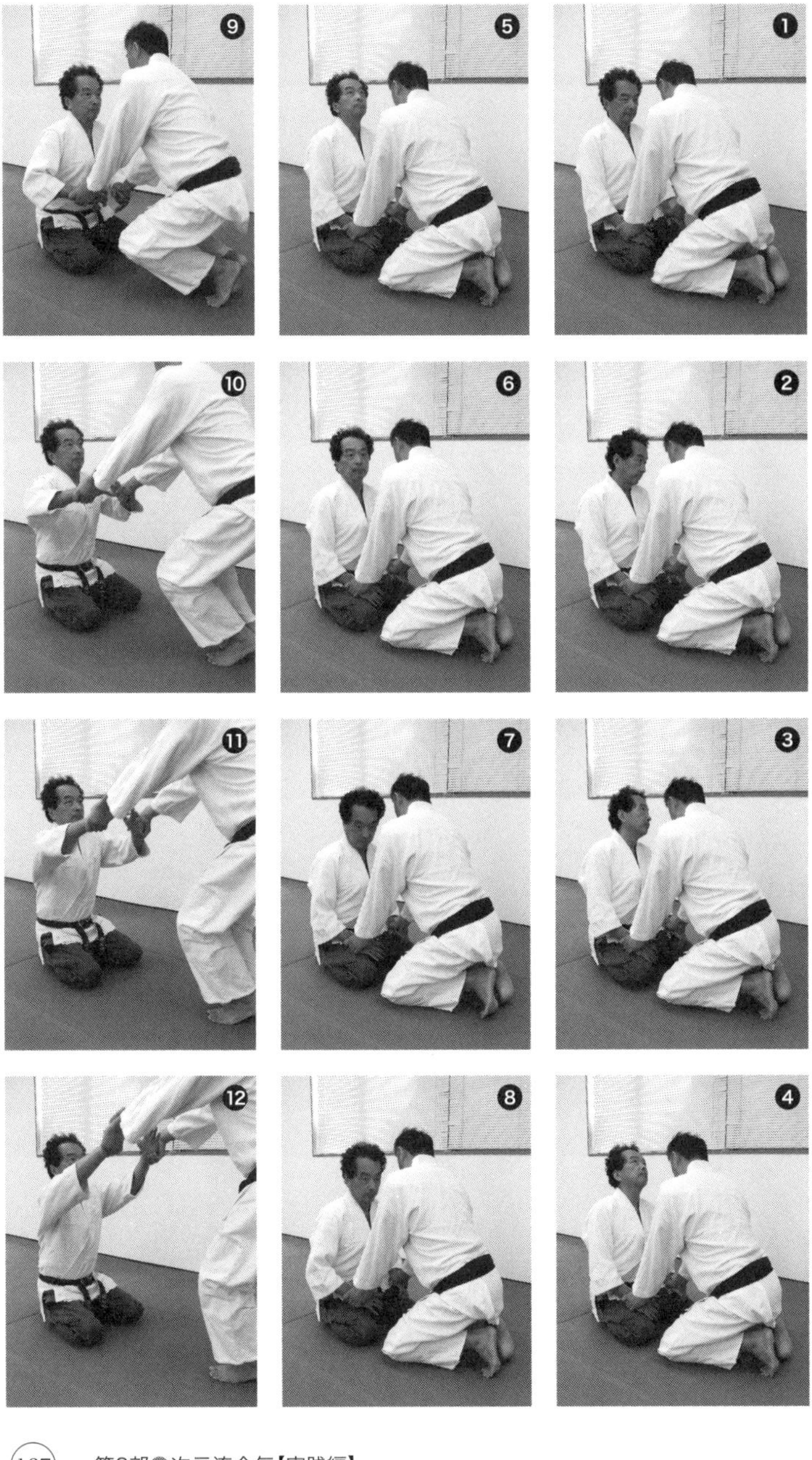

両手捕り視線斬り合気投げ

ことで、

「相手の体の一部を自在に動かすことができ」

その結果として、

「相手の体の他の部分も簡単に動いて倒される」

というものがある。例えば、合気道や大東流合気柔術の「小手返し」という技は、相手の「小手」を手首のところで返して倒す

手首を強く固めている相手には小手返しは効かない

という投げ技であるが、相手が鍛えた手首を渾身の力で固めている場合や、実戦の場面でアドレナリンが分泌して痛みを感じず、あるいは手首など壊されてもかまわないと考えているときなどではまったく効かない技となる。

ところが、このように相手が手首や腕を最大限に固めている場合においても、「視線斬り合気」によってこちらが両手を添えている相手の手首から拳の部分に「空間遮断」を施した上で相手の小手を返すならば、相手の体は「小手返し」によって簡単に倒されてしまう。

視線斬り合気による小手返し

5 抜き手合気

大東流合気武術宗範であり「武の神人」と謳われた佐川幸義先生の道場に入門したとき、最初の1ヶ月は「外し手」とか「抜き手」と呼ばれる基本中の基本の動きだけを稽古させられた。相手に強くつかまれた手を外したり抜いたりすることを繰り返すだけであり、入門1ヶ月を過ぎてからは二度とすることのない稽古だった。ただし、僕が家と仕事の都合で東京を離れて岡山の田舎に引き上げる直前に受けさせていただけた、佐川先生との一対一での直伝講習のときだけは例外だった。「抜き手」が「合気」の本質であり、2ヶ月目以降に習う他の様々な技を稽古しても「合気」を修得することはできず、「合気」を真に求めるのであれば「抜き手」の稽古のみでよいとまで教えていただけたのだ。

ただし、このときの僕では「抜き手」は相手に強くつかまれた手を単に抜いて外してしまう

技法としか理解できなかったため、せっかくの「合気」の直伝をまったく受け止めることができなかったのも事実。まさか、先生が

「そこで抜く！　そこで抜く‼」

と教えてくださっていたものが、単につかまれた手を抜いて外すことなどではなく、つかまれた手に重なっているこちらの「奥の手」を用いて、

「相手の体に重なって『高次元空間』の中に存在している相手の本質である『身』を抜いてしまうことで、相手が空間圧力を失い安定な二足直立を維持できなくなる」

という「抜き手合気」と呼ばれる高度な合気技法だなどと気づくレベルには到っていなかったのだ。

それが、こうして40年以上の月日が流れた今、ようやくその真意を理解することができてい

片手捕り抜き手合気

両手捕り抜き手合気

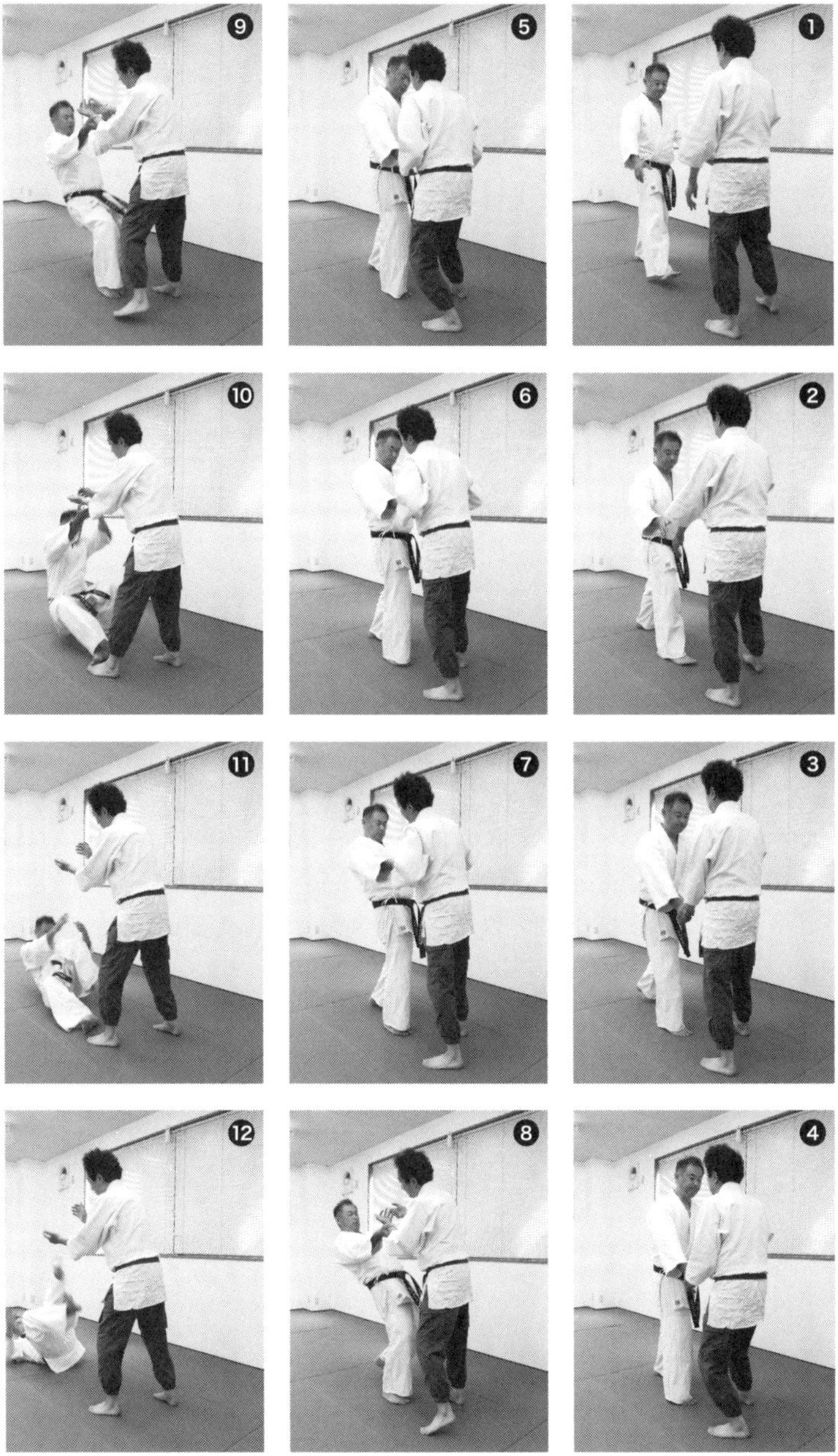

諸手捕り抜き手合気

る自分を少しだけ誇らしく思い始めているのも事実。

この「抜き手合気」の技法はこちらが相手につかまれたときだけでなく、逆にこちらが相手の手足など体の一部に手を触れる投げ技の場合にも有効である。つまり、相手の体の一部をつかんだり触れたりしているこちらの手に重なっているこちらの「奥の手」を用いて、

「相手の体に重なって『高次元空間』の中に存在している相手の本質である『身』を抜くことで相手が空間圧力を失い、安定な二足直立を維持できなくなる」

という高度な合気技法を体現することができるのだ。これは「掛け手合気」と呼ばれる。

このような「抜き手合気」や「掛け手合気」の作法において最も重要なことは、相手の体と接しているこちらの「手」を通して「高次元空間」に存在する「奥の手」によって相手の本質である「身」を抜き取ってしまうことにある。だが、「高次元空間」に存在する自分の「奥の

片手で相手の腕に触れる掛け手合気

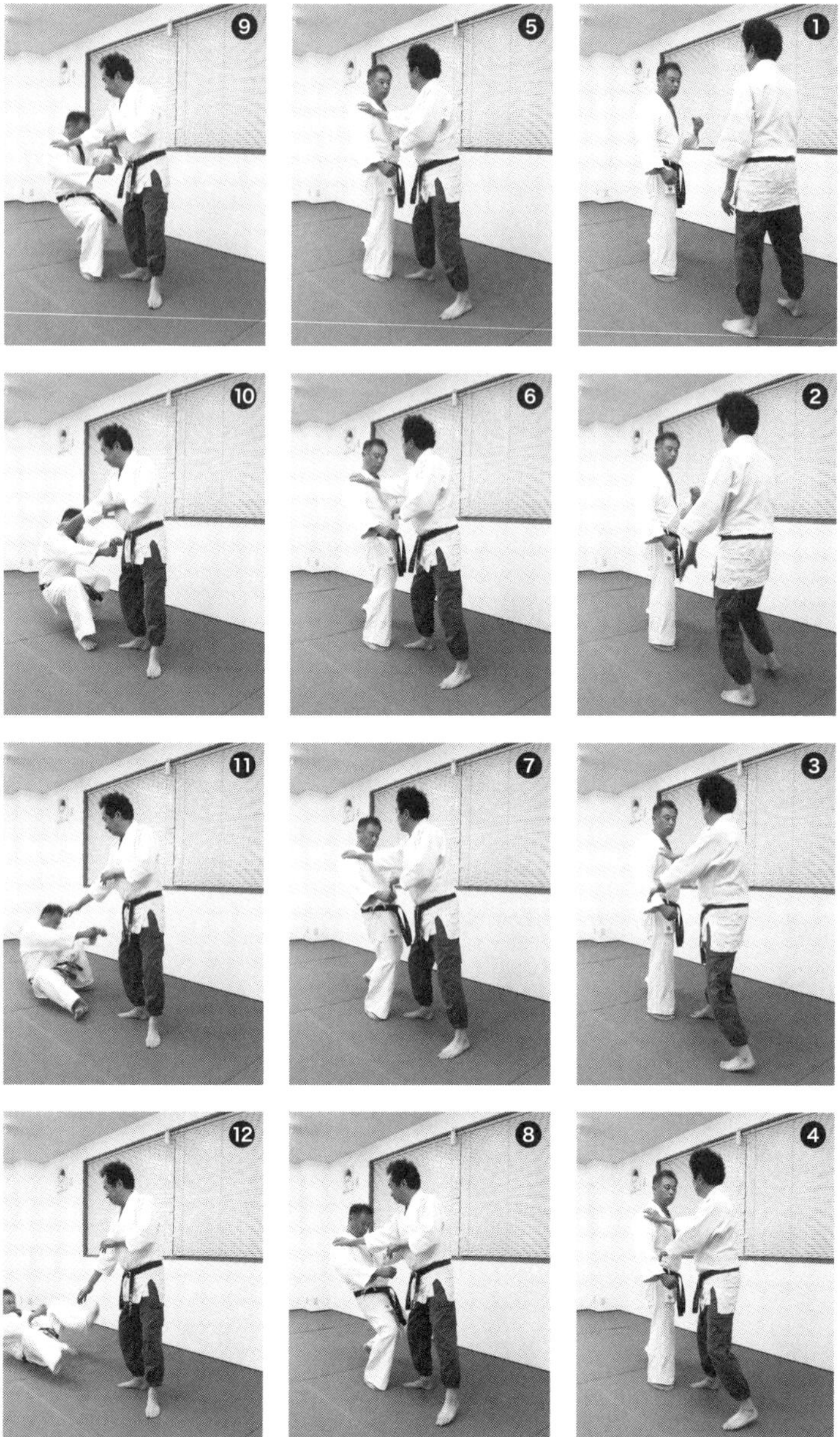

両手で相手の肩に触れる掛け手合気

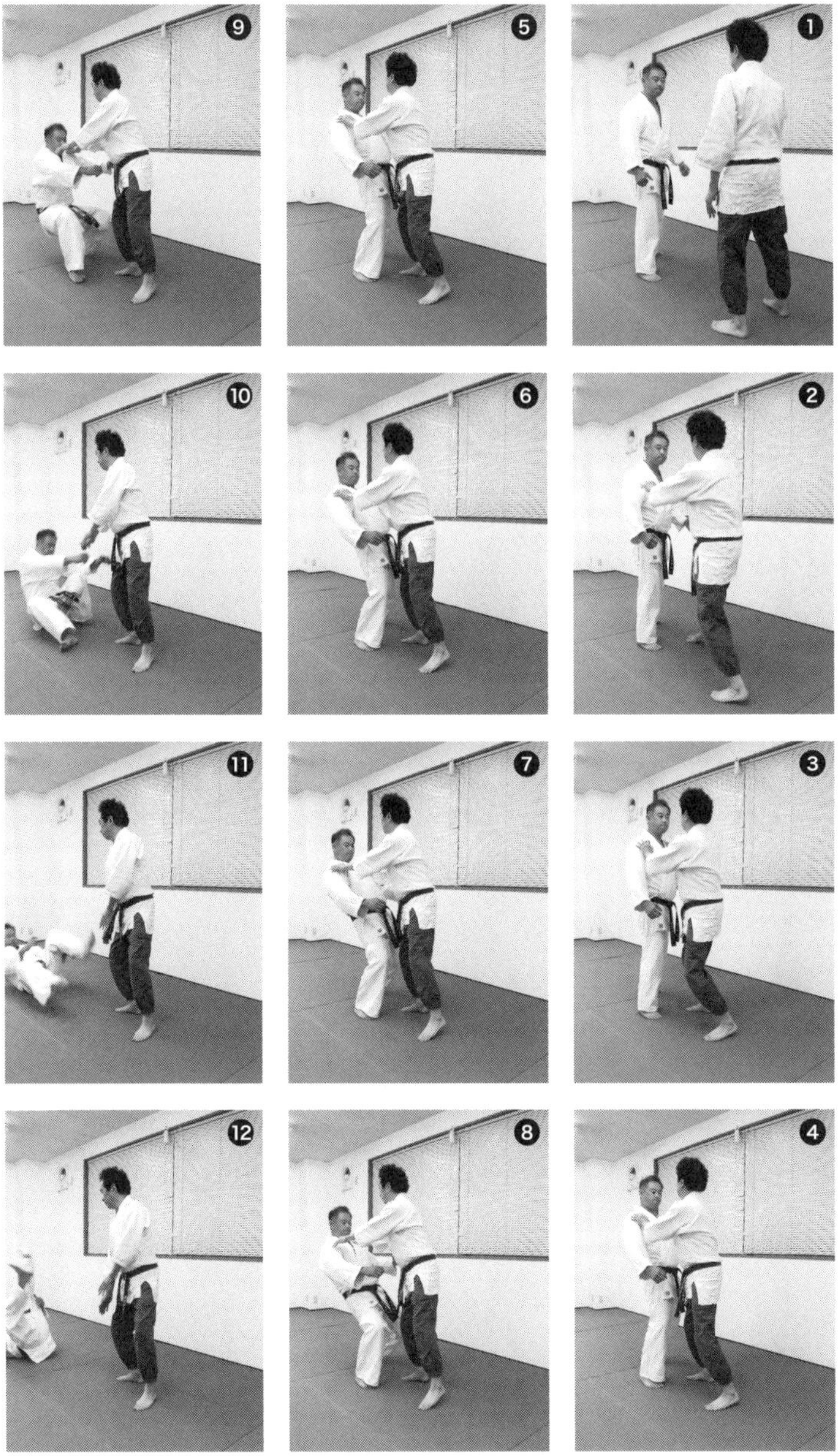

手」の感覚もない初心者にとっては、いったいどのようにすれば「奥の手」を用いて相手の身を抜き取ることができるのか、まったく不明であるに違いない。誰もが必ず乗り越えなければならないこの目の前にそびえ立つ障壁をクリアーするための先達の教えこそが、無住心会の近藤孝洋師範による「奥の手」の解説に登場した、

「極意とは……まず肉の体、完全停止。次いで気の体、完全停止」

というものであることに注意を向ける必要がある。特に、最初に出てくる、

「まず肉の体、完全停止」

が「奥の手」を働かせるための必要条件となっていることに気づかなくてはならない。つまり、「高次元空間」の中の「奥の手」を用いて「抜き手合気」や「掛け手合気」を発動させるためには、まず始めに3次元空間の中にある自分の体の一部で「奥の手」に重なって存在して

いる「手」の働きを「完全停止」させなくてはならないのだ。
もちろん、このように「手」の力を抜いておくだけでは、まだ「奥の手」が働くようにはならない。近藤師によるさらなる指摘、

「次いで気の体、完全停止」

が不可欠となるのだ。今の場合の「気の体」とは、3次元空間の中に存在する自分の体の一部としての「手」を働かせようとする「気持ち」や「意図」あるいは「意識」といった精神作用である「気」のことだと考えればよいことは、拙著『合気五輪書（上）』の「水の巻」と「火の巻」だけでなく、『脳と刀——精神物理学から見た剣術極意と合気』（海鳴社）において論じてある。

換言するならば、「高次元空間」の中に存在する「奥の手」を用いて「抜き手合気」や「掛け手合気」を発動させるためには、

「相手の体に接している手や腕を完全に脱力して働かなくするだけでなく、同時にその手や腕を動かそうという気持ちや意図をも完全に捨てる」

ことが絶対条件となるのだ。このような極意は、広く世界に目をやれば各地に伝わる武道格闘技体系にも密かに残されているのではないだろうか。

スイス建国の英雄であるウィリアム・テルが息子の頭頂に置いたリンゴを弓矢で射貫いた伝説の真偽を科学的に確かめようとして、アメリカ物理学会が率先して検証実験を行った。結果、一射としてリンゴに的中しなかったために、リンゴの伝説は後世の創作だとされてしまったのだ。その実験においては、人間ウィリアム・テルが示したであろう心理的な乱れや体調変動などの不確定要素を完全に排除するために、弓を引いて矢を射るのは人間ではなく、工業用ロボットのように頑強な機械仕掛けによって毎回正確に同一方向に矢を放つことができる装置が開発された。

それでも、リンゴを射止めることができなかったということなのだが、当時のスイスで弓の名人とされていたウィリアム・テルであれば、まさに「抜き手合気」の如く3次元空間の

「手」ではなくそれに重なって「高次元空間」に存在する「奥の手」によって弓を引いて矢を放っていたと考えるべきではないだろうか。だからこそ、息子の頭頂に置かれたリンゴを見事に射止めることができたに違いないのだ。

そう、ウィリアム・テルもまたスイスで「抜き手合気」の秘技を体現していた合気達者であったと信じるのは、僕だけではあるまい。

6 目打ち合気

すでに「奥の手」を用いて相手の本質を抜き取る「抜き手合気」においても使用されていた表現に、

「3次元空間に存在する手に重なって『高次元空間』に『奥の手』が存在する」

といったものがある。さらには、

「3次元空間に存在する相手の体に重なるように『高次元空間』に相手の本質が存在する」

という表現も用いられてきた。これらは、より正確にはそれぞれ、

「3次元空間に存在する手の背後に見えない『高次元空間』があり、そこに『奥の手』が存在する」

「3次元空間の存在する相手の体の背後に見えない『高次元空間』があり、そこに相手の本質としての『身』が存在する」

などとするべきものではある。しかしながら、あくまで理論的考察に不慣れな武道格闘技に興味のある一般の方々にとっては、

「相手の手や体に重なるように存在する」

としたほうが捉えやすいのは確かであるため、手や体に重なって「高次元空間」の「奥の手」

や人間の本質としての「身」が存在しているかのような便宜的表現がなされてきたわけだ。

以下においては、さらなる方便として「奥の手」や「身」が高次元空間の中に存在するという表現も取り止め、あたかもこの3次元空間の中に手や体に重なって存在している「奥の手」や「奥の身」あるいは「身」と呼ばれる何らかの実体が存在していると便宜的に考えておくことにする。現在の日本語でも「体」を「身体」と表記することも多いが、これも実に意味深い表現ではあったのだ。人間の「からだ」が3次元空間の中の「体」と「高次元空間」の中の「身」が重なった存在だと看破していたかのように。

つまり、相手が常時安定に二足直立することができるのは、

「相手の体に奥の身が重なっている」

ことによると理解するのだ。そうすると、

「相手の体に重なっている奥の身をずらす」

ことによっても相手が常時安定に二足直立することができない状態になると考えられる。このような合気技法は「空間転移」と呼ばれるが、その最も簡単なものが「目打ち合気」に他ならない。

例えば、右手で「目打ち合気」を相手に作用させる場合、まずは右手首より先を5本の指がすべて脱力された形にしておく。

このとき、右手首より先の手に重なって存在している「奥の手」をも同時に動かすためには、右手首より先の手は完全に脱力して働かなくするだけでなく、その部分を動かそうという気持ちや意図をも完全に捨てなければならないことはいうまでもない。右手首より先の手をそのようにした腕を払い上げるようにして相手の額前方を「目打ち」のようにかすめるならば、こちらの「奥の手」の先も同時に相手の「奥の身」に働きかけ、結果として相

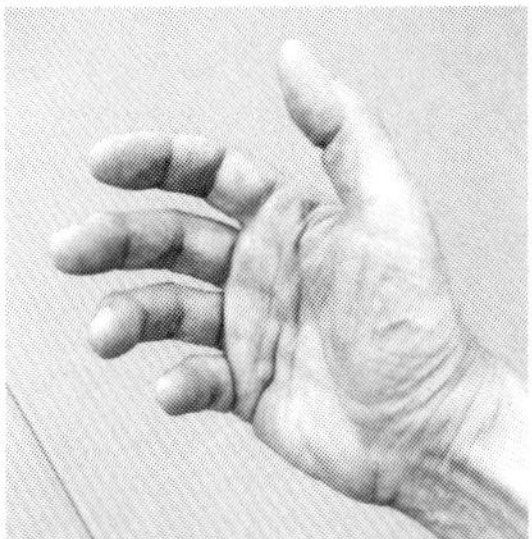
目打ち合気のための指の形

手の体に完全に重なっていた「奥の身」がずらされてしまう。これによって。相手は安定な常時二足直立ができなくなり、直後に軽く押されるだけで倒されてしまう。これが「目打ち合気」の作用機序となる。

このような「目打ち合気」を発動させるときの五指の形は、大東流合気柔術で「合気」を操るときの手首より先の手の形である「朝顔の手」とも同じだと考えることができるし、手の形や動きについては少林寺拳法の攻防で多用される「目打ち」と同じとなっている。

目打ち合気

7 指差し合気

前節で紹介した「目打ち合気」と同様に、

「相手の体に重なって存在する『奥の身』をずらすことにより相手を常時安定な二足直立ができない状況に追い込む」

という「空間転移」の技法を具現する作法に「指差し合気」がある。

大東流合気武術において中興の祖と目される武田惣角に「合気之術」を教えた保科頼母（西郷頼母）は会津藩の家老として知られる人物だが、「保」の文字が用いられていることからもわかるように本来は武士の家系ではなく、「八咫烏《やたがらす》」系の神官の家系であった。そのため「陰陽師」としての務めを果たすための家老職だったと考えられるため、「合気之術」を伝承する立場にあったわけだ。

映画や小説などで今では一般にも知られるようになったが、「陰陽師」が怨霊を封じるときなどに空間に「臨・兵・闘・者・皆・陳・列・在・前」の九字を刻む「九字切り」の作法がある。これが「指差し合気」に他ならない。このことからも、大東流合気武術や合気道として広まってきた「合気」という武道格闘技の最終奥義が、実は「八咫烏」の神官としての「陰陽師」に伝わっていた「空間転移」を発動させる「合気之術」に源流があったと思われる。

その「指差し合気」の作法としては、まずこちらの右手あるいは左手の人差し指と中指を真っ直ぐ揃え、薬指と小指を揃えて掌の内側に折り込む。親指も薬指に触れるまで折り込んでおく。これを「差し指」と呼ぶ。

結界を張る場合にはこのようにした「差し指」によって空間の適所に適宜な文字を刻むわけだが、それが3次元空間の世界を超えて異界にま

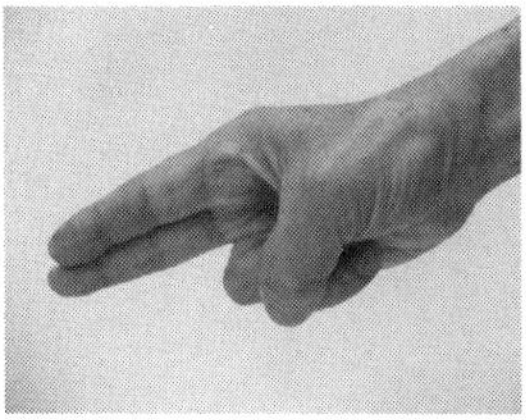

差し指

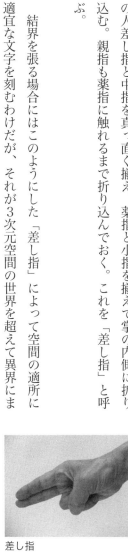

で影響を及ぼすことができるのは「差し指」を動かすことで「奥の手」を操ることができているからに他ならない。そして「指差し合気」においては、まさに「差し指」が秘めたこの力を利用するのである。すなわち、

「差し指で相手の体の中心を指差すことで相手の体に重なっている相手の『奥の身』を奥の手で捉える」

という術理と、

「相手の体部分の中心を指差した差し指の向きを少し動かすことで相手の『奥の身』を相手の体からずらす」

という術理を組み合わせることで「空間転移」を発動させるものが「指差し合気」だ。その結果、相手の二足直立の維持が穏やかに解け、相手はバランスを崩して倒れていくことになる。

指差し合気

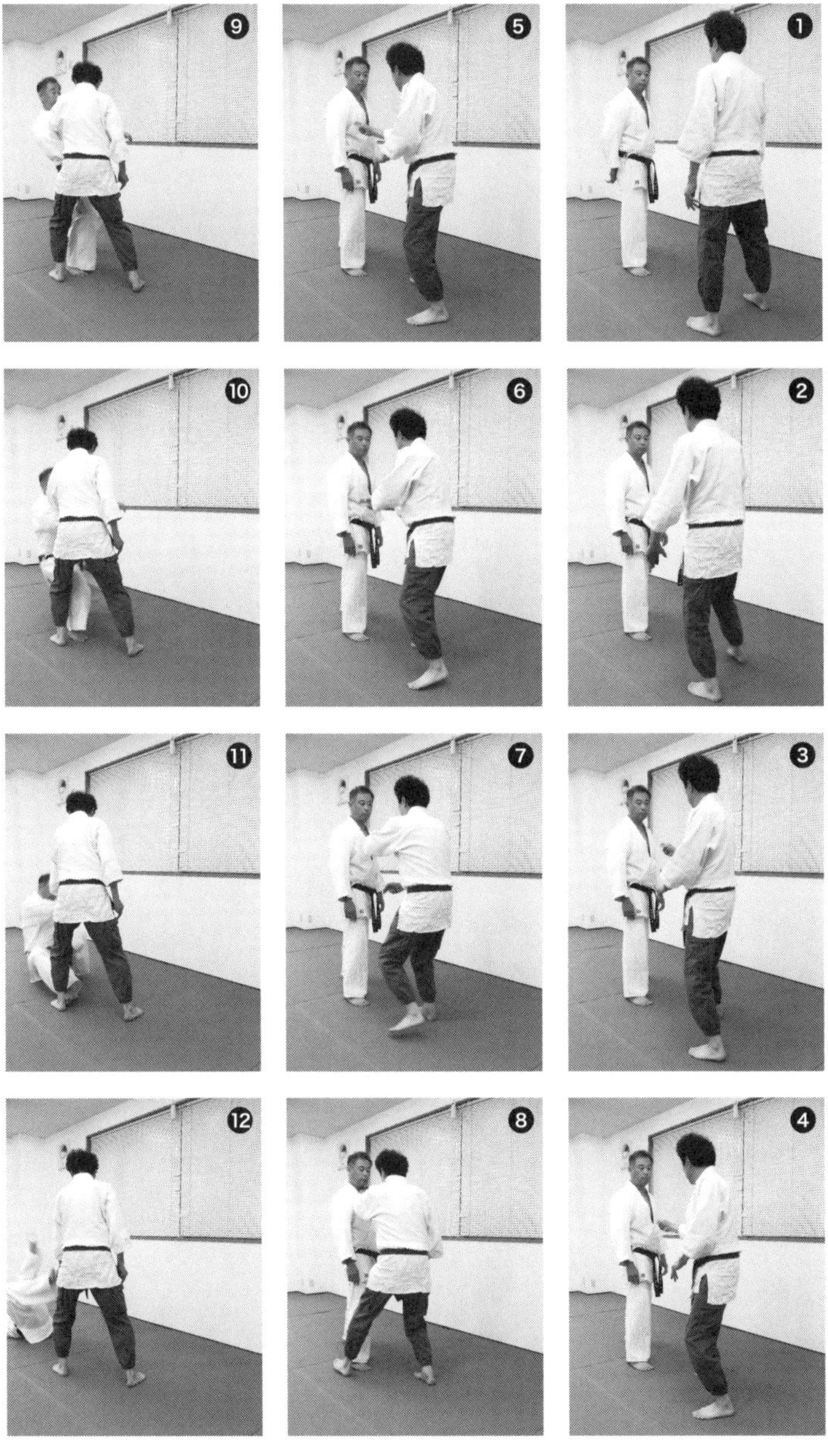

8 祓い合気

やはり映画や小説などで描かれることの多い「陰陽師」の作法として、「祓い」と「浄め」がある。実は、「手刀斬り合気」の節ですでに解説した「手刀」の形もまた、「差し指」と同様にそれを動かすことで「奥の手」を操ることができるのだ。その「手刀」を自分の胸の前で立てる作法は「掌」と呼ばれ、両手の「手刀」を胸の前で合わせるように立てる作法が「合掌」となる。

どちらの作法によっても、それを行う「陰陽師」の周囲の空間に「陰陽師」の「奥の手」だけでなく「奥の身」で

掌

合掌

ある本質までもが拡がっていく。そうすることで、周囲の場や空間を祓い浄めることができる。

この「陰陽師」の作法を「次元流合気術」に取り入れた合気技法が「祓い合気」に他ならない。「合掌」の作法は仏教やその他の宗教においても見られるが、武道格闘技の世界では嵩山少林寺発祥の仏門の行から影響を受けた少林寺拳法や仏教国タイの国技であるキックボクシング「ムエタイ」での礼法として残っている。「次元流合気術」においては礼法としての「合掌」は用いていないが、実際に「祓い合気」を発動させるための作法として利用している。すなわち、

「掌または合掌によって自分の周囲に自分の『奥の手』と『奥の身』を拡げて相手の体にまで重ねることで相手の『奥の身』を相手の体からずらす」

ことにより「空間転移」が生じるのだ。

この「祓い合気」の作法としては「合掌」ではなく、左右の「手刀」を胸の前で強く打ち合わせて大きな破裂音を響かせる「拍手」を用いるものもある。武道格闘技の世界ではかろうじて「相撲」の礼法の中にのみ残されているが、それは「相撲」が「手乞い」と呼ばれる古い神

掌による祓い合気

合掌による祓い合気

道の御神事であったことの名残なのかもしれない。

現代においても、「八咫烏」の「陰陽師」を務める神官だけでなく、神社庁所管の一般の神社に勤める宮司や権宮司などの神官であっても、場を浄める「祓い」のために「拍手」を打つ作法を多用していることからもわかるように、「拍手」の効果は非常に大きい。

それだけではなく、初心者の場合には「掌」や「合掌」による「祓い」の効果が伝わるのに時間がかかるのだが、「拍手」の場合には初心者であっても熟達者と同じで、瞬時に「祓い」の効果を周囲の空間に及ぼすことができる。これについては、「拍手」によって「空間転移」を誘発させる「祓い合気」についても同様のことがいえるため、初心者が「祓い合気」を発動させる場合には以下の如き「拍手」を用いる、

「拍手によって自分の周囲に自分の『奥の手』と『奥の身』を拡げて相手の体にまで重ねることで相手の『奥の身』を相手の体からずらす」

という作法がより確実なものとなる。

拍手による祓い合気

9 突き抜き合気

これもまた、すでに解説した「掛け手合気」の技法をより精妙にした合気技法であるが、相手を拳や掌底で突くという単一動作や、足底で蹴るという単一動作のみで相手を「空間転移」で倒してしまう「突き抜き合気」及び「蹴り抜き合気」の技法がある。拙著『合気五輪書(下)』の「風の巻」で紹介することができた本部御殿手の上原清吉宗家、二聖二天流柔術憲法の柳川昌弘創師、武神館の初見良昭宗家、真義館空手の麻山慎吾館長の4名は主として空手・拳法を究めての合気達者であるため、その全員が「突き抜き合気」と「蹴り抜き合気」を見事に体現している。このことからもわかるように、主として合気道や合気柔術における投げ技を究めることで合気達者となった先達の中では経験したことがないこともあり得るため、武道格闘技界においても「合気技法」であるとは思われてこなかったかもしれない。

特に合気道においてはこのような突き技や蹴り技は邪道だと見なされかねないが、大東流合気武術の佐川幸義宗範による直伝講習の最後では「合気拳法」の「突き合気」や「蹴り合気」を一度だけ教えていただけたことがある。顔面の直前で寸止め的に止まった先生の突きの速さには面喰らったが、盤石の体勢で構えていたこちらの体が直後に先生の拳の先端が軽く触れただけで後ろに勢いよく倒れてしまったのには度肝を抜かれてしまった。

今から40年以上も前のことであるから、当然ながらそのときの僕はただただ驚くばかりで、いったい何がどうなって倒されたのかまったく理解できなかったことはいうまでもない。

では、佐川幸義先生を始めとする合気達者が見せる「突き抜き合気」や「蹴り抜き合気」の作法は如何なるものであるのだろうか？　まずは、「突き抜き合気」の作法とその術理について解明しておこう。

すでに見てきた如く、「手刀」や「差し指」の形を作ることで、「手」と「奥の手」を連動させることができるため、「空間遮断」や「空間転移」の現象を誘導することができた。ところが、拳を握って固めた形の腕を素早く動かして相手を突こうとする動きの場合には、そのままでは「手」と「奥の手」が連動しない。それが自然に連動するようになるには、空手や拳法での基本的な「型」を究めておく必要がある。

これについても、「奥の手」と題する節ですでに述べたとおりであるが、「次元流合気術」においては「型」を究める代わりに自分の「体」に重なっている「奥の身」を「体」の周囲の空間にも拡げていくという作法を用いる。

それには、まず、

「こちらの体を中心とする周囲2メートルほどの空間領域の中に自分の『奥の身』を拡張する」

ことが必要であり、それに続いて、

「自分の体の外に『奥の身』を拡げたまま相手に接近していくことで相手の『奥の身』を相手の体からずらす」

空手の基本型サンチン（抜粋）

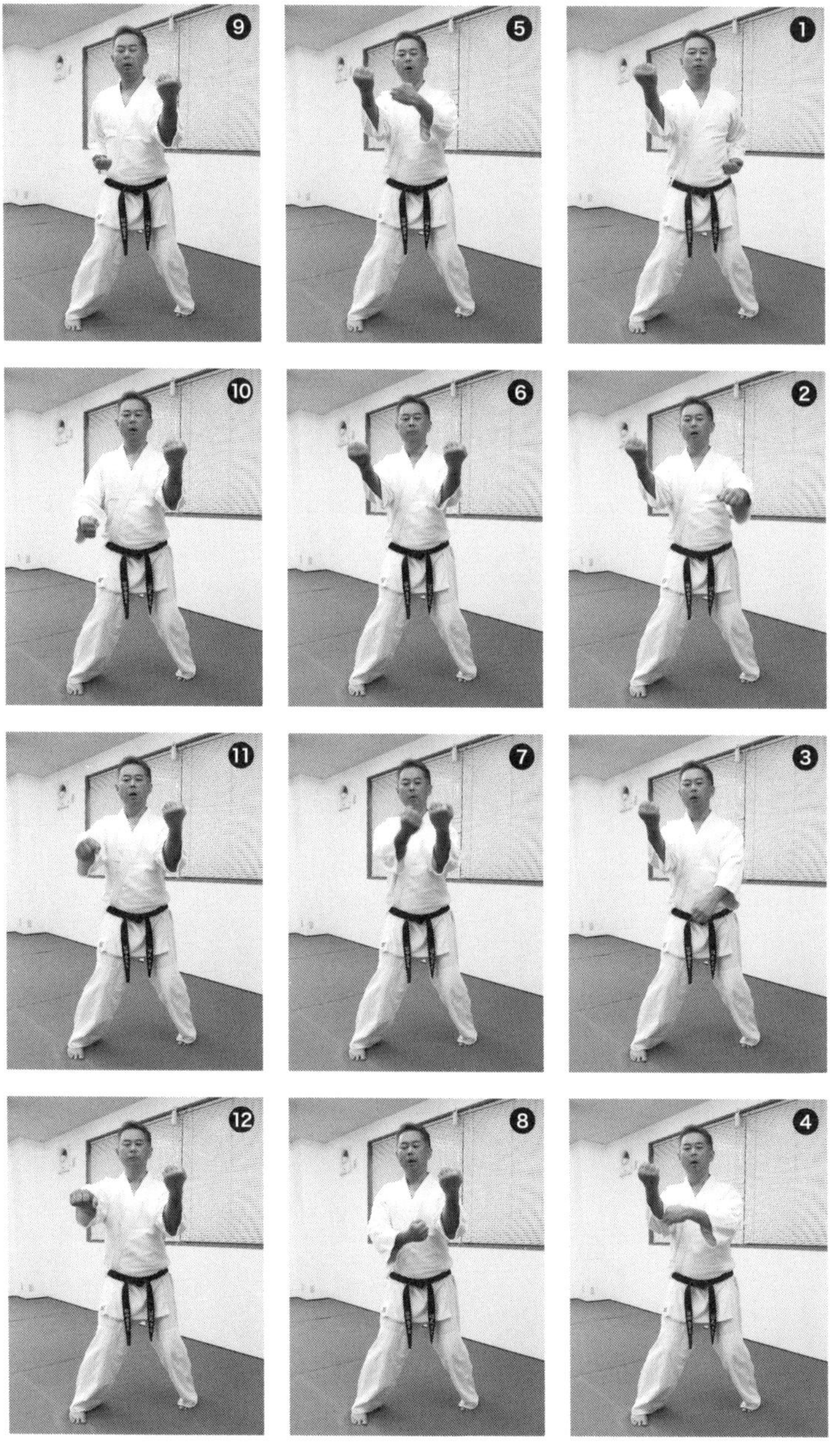

ことにより「空間転移」が生じ、

「相手が常時安定に二足直立できない」

という合気の効果が生まれる。このようにして、相手に近づきながら相手の「体」に自分の腕で突きを放つならば、相手は簡単に倒れてしまう。これは「突き抜き合気」と呼ばれる。

また、最後の段階で相手に近づきながら相手の「体」に突きを放つ代わりに、相手の「体」に自分の足で蹴りを入れることで相手を簡単に倒すこともできるが、これは「蹴り抜き合気」と呼ばれる合気技法となる。

突き抜き合気

蹴り抜き合気

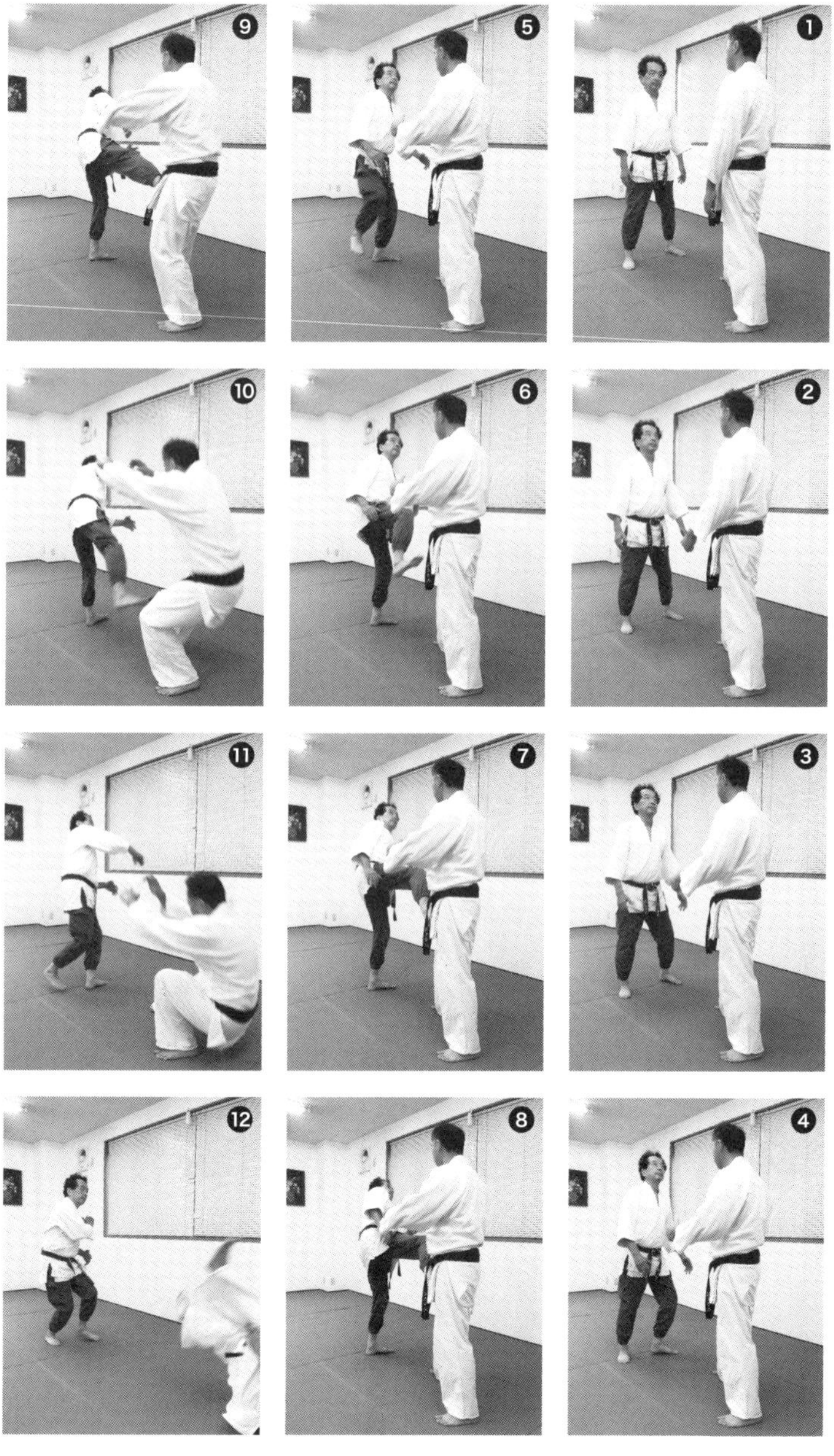

10 次元融合と愛魂

相手の「体」と「奥の身」をずらす「空間転移」を生じさせるために、まずはこちらの「体」に重なって存在する「奥の身」を自分の「体」の周囲2メートルほどの範囲の空間にまで拡げたまま相手に近づいていくという作法は、実はキリスト伝来の活人術である「冠光寺眞法」において「愛魂《あいき》」と呼ばれる合気技法と共通する部分が多い。拙著『合気開眼——ある隠遁者の教え』（海鳴社）において詳しく論じておいたが、「愛魂」とは、

「汝の敵を愛せよ」

というキリストの教えに基づく活人護身術の基本となる作法のことである。それは、

「相手を愛することでこちらの魂を拡げ相手の魂を包み込む」

ことに他ならないのだが、「魂」を「奥の身」と見なすならば、

「『奥の身』を拡げて相手の『奥の身』を包み込む」

とも表現することができる。

このことからもわかるように、「次元流合気術」においても自分の「体」に重なって存在する「奥の身」を自分の「体」の周囲の空間にまで拡げるという作法を体現する最も簡単で確実な技法は「愛魂」によって与えられる。そして、この「愛魂」を発動する場合に、

「こちらの体の周囲の空間に拡がった『奥の身』で相手の『奥の身』を包む」

という作法を「次元融合」と呼ぶことにする。

この「次元融合」を体現するための作法としてのキリストの教えである、

「汝の敵を愛せよ」

については、こちらに襲いかかってくるような敵意ある相手を愛することのできない初心者の場合、

「相手を愛する」

ことで「愛魂」とするよりも、

「相手の周囲の空間を愛する」

相手の周囲の空間を愛する次元融合による合気技法

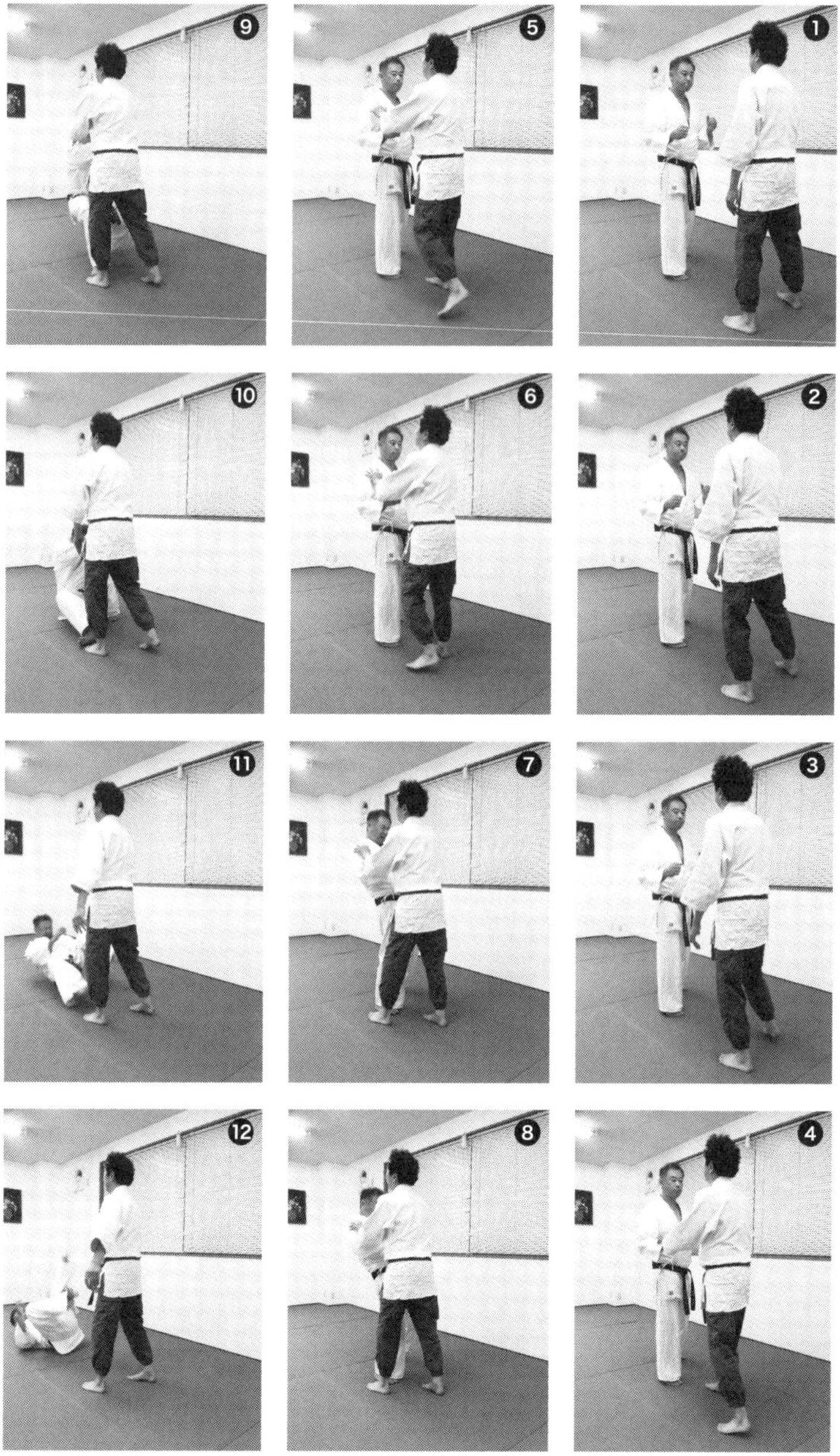

あるいは、

「相手の周囲の空間と友達になる」

ことで「愛魂」とするほうがより容易となる。
相手が勢いよく踏み込んで攻撃してくる場合には、相手の周囲の空間ではなく、

「相手とこちらの間の空間を愛する」

あるいは、

「相手とこちらの間の空間と友達になる」

ことで「次元融合」を体現するほうが効果が大きい。

相手とこちらの間の空間を愛する次元融合による合気技法

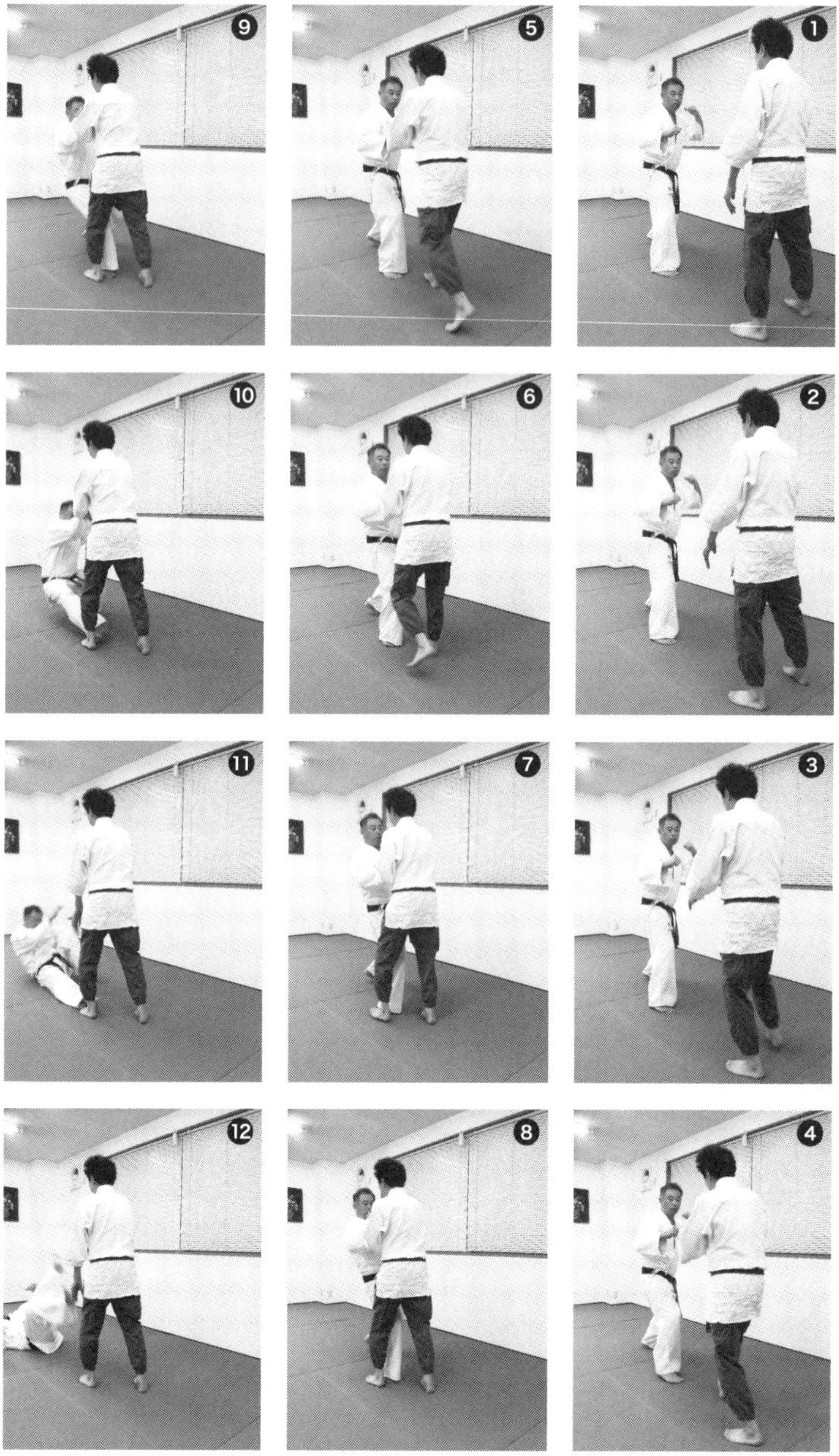

11 ハトホルの秘儀と愛

前節においては、キリスト伝来の活人術である「冠光寺眞法」の基本作法としての「愛魂」が、

「汝の敵を愛せよ」

というキリストの教えによって発動する「次元流合気術」での「次元融合」と呼ばれる合気技法と同根のものであることが示された。そして、本書第1部「次元流合気【開眼編】」の「ピラミッド次元転移」と題する節に記した如く、僕は今から11年前にエジプトのギザの大ピラミッドの王の間の中で「ハトホルの秘儀」に参入することで、

「いつでもどこでも自分のいる場所を高次元で王の間につなぐことができる」

という「ピラミッド次元転移」を操る能力を得てしまう。

その時点においてはこの不思議な能力自体への興味は薄かったため、「ハトホルの秘儀」についてもすぐに忘れていたのも事実。しかしながら、これまでに3度ほど「ハトホルの秘儀」をどのように行ったのか問われたことがあり、その場で秘書や門人の若い女性を相手に再現してみせたことがあった。そのおかげで気づくことができたのだが、キリスト伝来の活人術「冠光寺眞法」の「愛魂」や「次元流合気術」の「次元融合」を体現するときの僕自身の感覚はまさに「ハトホルの秘儀」に参入するときの感覚と同一のものであった。

つまり、

愛魂＝次元融合＝ハトホルの秘儀

という事実が明らかとなったのだが、このことから「次元流合気術」において「次元融合」を「ハトホルの秘儀」に置き換えることによっても「合気」を発動させることができるといえる。この場合、イエスがマグダラのマリアを相手に、そしてこの僕が姪や秘書あるいは門人の女性を相手に行った「ハトホルの秘儀」を誰と行うのかというと、こちらを攻撃してくる対戦相手に他ならない。

例えば、大ピラミッドの王の間の中で姪と「ハトホルの秘儀」に参入したときには、姪が壁を背にして立っている場所から50センチメートルほど離れた僕は壁を向いて立った状態で「魂」を「体」から解放したのだった。

また、秘書や門人の女性を相手に「ハトホルの秘儀」を再現したときにも、相手から50センチメートルほど離れた僕が「魂」を「体」から解放したり、場合によっては相手を抱くように、あるいは社交ダンスを踊るように接近する

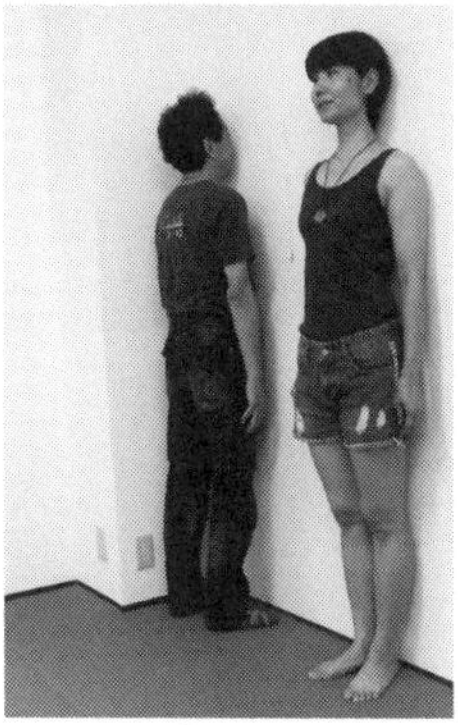

王の間の中でのハトホルの秘儀を再現

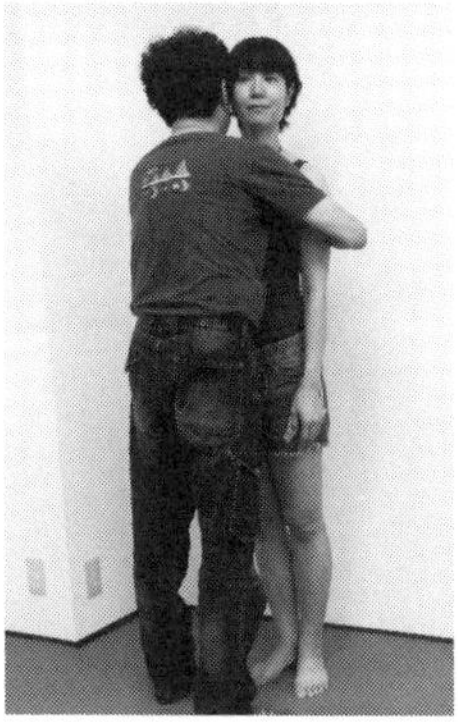

女性相手にハトホルの秘儀を再現

ことで「魂」を「体」から解放していた。

このような「ハトホルの秘儀」での相手との空間的な位置関係は、武道格闘技の場面での対戦相手とのそれと比べても、少なくとも距離的には似たような状況にあると考えることができよう。従って、相手がこちらを攻撃してくるときに「魂」を解放するならば、その場で相手とともに「ハトホルの秘儀」に参入することができると考えられる。「ハトホルの秘儀」は古代エジプト王朝時代に愛と豊穣を司る「ハトホルの女神」につながることで大自然に秘められた「愛」と「優しさ」を感受するための儀式とされていた。このことからすると、

「合気は愛じゃ」

と看破した合気道の開祖・植芝盛平翁の舞の如き優美な動きこそは、

「合気とは自分を攻撃してくる相手と『ハトホルの秘儀』に参入することで愛と優しさを体現

する宇宙森羅万象融和調和への道」

という真実を我々に教えてくれているのではないだろうか。「合気道」とは、まさにこの教えを見事に表現した素晴らしい名称となっている！

しかも、しかもだ!!

植芝盛平翁が好んだ「入り身投げ」という他流に見られない投げ技の呼び名こそは、文字どおりこちらの「奥の身」である「身」を相手の「奥の身」である「身」と融合させるために「入れる」という極意そのものとなっているではないか!!!

そして、塩坂洋一先輩による、

「高次元世界に身を移すことを『入神之技、入身技』とも称する」

という指摘とも合致している!!!!

そう、合気道の開祖・植芝盛平翁には、最後の最後までとうてい敵うはずもなかったわけだ。

入神之技、入り身投げ

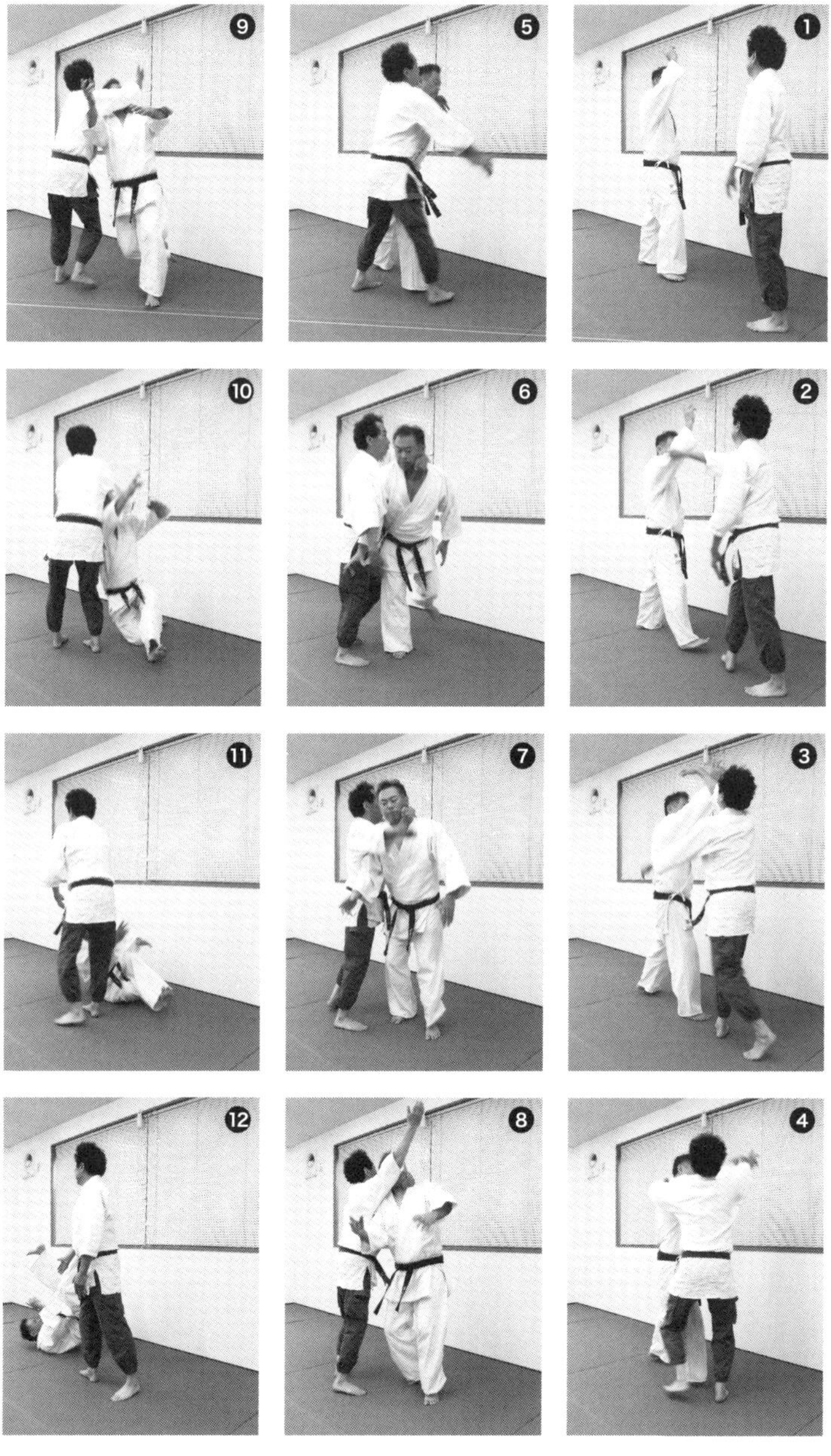

合気から愛魂へ——後書きに代えて

いったい、僕の人生とは何だったのだろうか？

まだ人生というものなどに思いを馳せたこともなかった高校生のとき、たまたまテレビのルポルタージュ番組で見たのが合気道開祖・植芝盛平翁の摩訶不思議な合気の技の数々だった。ブラウン管（もう死語なのかもしれない）の中で、小柄な老人が屈強な若者を次から次へと投げ飛ばす映像は瞼の裏に焼き付いてしまい、その後片時として忘れることはなかった。

子どもの頃からＵＦＯや宇宙人に興味を抱いていた僕が、天文学を志して進学した仙台の大学には運良く合気道部があったため、すぐに入部した。ところが、先輩の学生部員だけでなく、交流稽古や東京本部道場合宿で稽古をつけてくれた指導員あるいは師範クラスの誰を見ても、植芝盛平翁のような合気の技は皆無だった。大学紛争による授業ボイコットの嵐の中、それでも1日も休むことなく合気道部の稽古に臨んだ1年半が過ぎた頃、僕が合気道に対する興味を失ってしまうのは自然ななりゆきだったに違いない。

それまで合気道部の稽古に時間を費やしていたため、ほとんど歩いたことのなかった仙台市内の一番町商店街に初めて足を運んだとき、大きな書店の地下で見つけたのが『幾何学の基礎をなす仮説について』と題するドイツの大数学者ベルンハルト・リーマンの翻訳本だった。口絵にあったアルベルト・アインシュタイン博士と談笑する湯川秀樹博士の白黒写真に惹かれた僕は、本の内容もわからぬまま買い求めた。

下宿に帰ってから読み進んでいったとき、口絵にアインシュタイン博士と湯川博士の写真を掲載した訳者の本意を知る。そう、原著者リーマンは我々が存在するこの空間が宇宙レベルの極大スケールにおいては曲がっている可能性を指摘し、さらには素粒子レベルの極微スケールにおいては空間の連続性もなくなって離散的になっている可能性についても言及していたのだ。そして、その何十年も後になってようやく理論物理学者のアインシュタイン博士が「一般相対性理論」を提唱し、極大スケールでのリーマン予想の正しさを示すことができた。さらには、その数十年後には同じく理論物理学者の湯川秀樹博士が「素領域理論」を提唱し、極微のスケールにおけるリーマン予想の正しさを示していた。

3次元の空虚な拡がりでしかないと思い込んでいた空間が、実は微細なレベルでは泡のような「素領域」が集まったものだという湯川博士の「素領域理論」の存在を知った僕は、ぜひとも湯川先生の研究を受け継ぎたいと考え、大学院は京都大学の物理学科に進むことにした。

こうして、合気道からは完全に離れてしまった僕は、湯川先生の「素領域理論」を基礎に据えた量子物理学の理論的枠組の研究をライフワークとして、スイスのジュネーブ大学で一人前の理論物理学者人生を歩み始めることができた。だが、人生に波風はつきもののようで、ちょうどその頃に瞼に焼き付いていた植芝盛平翁の神技を、身をもって体験してしまうことになる。それが、大東流合気武術の佐川幸義宗範との出会いだった。佐川先生は大東流中興の祖といわれる武田惣角の弟子だった植芝盛平翁の兄弟子ということで、その不思議な合気の技は確かに植芝翁以上だと感じた。

こうして、高校生のときから瞼の裏に焼き付いて離れなかった植芝盛平翁の合気の技を体現している佐川幸義先生から「合気」を学びたいと考えた僕はスイスを離れ、東京で佐川先生の道場に入門させていただくことにしたのだ。大学生のときに一度は失意とともに断念していた合気探究を再開したこのとき、実は僕自身佐川先生からとても貴重な教えを頂戴していた。それは、初めて先生のご自宅を訪れて入門を願い出たときのことだが、凛とした表情の中にも優しい目の佐川幸義先生がこうおっしゃったのだ。

「君のように優しい人間はうちに来てもそれ以上強くはならないよ。それでもよかったら、通ってきなさい」

もちろん、そのときの僕は自分が軟弱で覇気のない男だと重々承知していたため、佐川先生は単にそのことを指摘してくださったのだとしか思えなかった。だが、その後の40年以上の人生を合気探究に費やしただけでなく、そろそろ棺桶に片足を突っ込んでおく年齢になったと感じ始めた数年前から目白押しとなった、まさに有終の美を飾るために神様が用意してくださったとしか思えないような出来事や出会いのおかげで、ついに「合気の起源」をも解明することができたとき、この教えの真意に気づくことができたのだ。

そう、「合気の起源」とは、僕が理論物理学者のライフワークとして研究してきた「空間の微細構造」を「優しさ」で変化させることに他ならなかった。だからこそ、佐川先生の目に止まった僕の生来の「優しさ」故に、そのときすでに「合気」を体現する素質を持っていたのだ。ただ、僕自身がまったく気づいていなかっただけのこと。

換言するならば、本書で初公開した「次元流合気術」による合気技法は誰でも体現できるわけではない。生来の「優しさ」を秘めた者にのみ許される一子相伝のお留め技なのだ。

その意味では、キリスト伝来の活人術である「冠光寺眞法」に基づく合気修得を目指す多くの諸姉諸兄には、前山泰彦宗師範が継承してくれている「冠光寺流柔術」や佐川英二師範が継いでくれた「美保神伝合気」の門を叩くことを勧めたい。「次元流合気術」に関しては森口さやか師範七段への相伝のみとし、老兵は湯川秀樹博士、植芝盛平翁、佐川幸義宗範、ミヒャエル・リャブコ師、マリア・ヨパルト・エスタニスラウ神父様が待つ天国へと向かう準備に勤しみたい。

最後になったが、『月刊秘伝』編集部の小川敬司様、ＢＡＢジャパン映像部の山下卓様からは本書を世に問うことに多大なご尽力を頂戴した。そしてＢＡＢジャパン企画出版部の森口敦様による見事な編集と緻密な校正がなければ本書を実現することはできなかった。心より感謝申し上げる。また、「次元流合気術」の様々な技法解説の場で実際にその技を幾度となく受けて連写映像を供していただいた服部由季夫氏にも心より感謝したい。

本書の原稿執筆の場面においては、ほぼ毎朝の如く居心地のよいカフェ環境を提供してくださった白金のカフェ「ドロゲリア サンクリッカ」の若いスタッフの皆様に助けていただいた。美味しいクロワッサンをカプチーノに浸して食べる度にジュネーブに住んでいた若き頃の日々を思い出すことができ、筆も大いに進んだものだ。

2023年9月27日　白金の寓居にて　　保江邦夫

白金のカフェ ドロゲリア サンクリッカで執筆中の著者

◉著者プロフィール

保江邦夫
やすえくにお

1951年、岡山県生まれ。東北大学で天文学を、京都大学、名古屋大学で理論物理学、数理物理学を学ぶ。理学博士。学位取得後、スイス・ジュネーブ大学理論物理学科に奉職。確率変分学の開拓者として知られる。1982年、"武の神人"とうたわれた故・佐川幸義宗範に入門。その直伝を受けた大東流合気柔術を心の糧として、真理探究を目指す。2011年1月から冠光寺眞法においてカトリック僧侶の荒行と合気を融合させた活人護身術を体系化し指導している。著書に『物理学で合気に迫る　身体「崩し」の構造』、『佐川幸義宗範の"神技"に触れた二人が交わす！「合気問答」』（塩坂洋一との共著）いずれもBABジャパン、『人間と「空間」をつなぐ透明ないのち』明窓出版など多数。最新DVDに『保江邦夫が説く「最新の合気術」』BABジャパンがある。

星辰館～保江邦夫オフィシャルサイト
https://yasuekunio.com/

本文デザイン ――――――天野 誠（MAGIC BEANS）
装丁デザイン ――――――やなか ひでゆき

完全解明！ 合気の起源
高次元空間の物理が教える究極の武術原理

2023年12月5日　初版第1刷発行

著者――――保江邦夫

発行者――――東口敏郎
発行所――――株式会社 BABジャパン
〒151-0073　東京都渋谷区笹塚1-30-11　4・5F
Tel. 03-3469-0135　Fax. 03-3469-0162
URL : http://www.bab.co.jp/
E-mail : shop@bab.co.jp
郵便振替：00140-7-116767
印刷・製本――中央精版印刷株式会社
ISBN978-4-8142-0583-7 C2075

物理学者・保江邦夫師範のDVD最新刊！

物理学者・保江邦夫が説く

最新の「合気術」

植芝盛平、塩田剛三、佐川幸義が使っていた
"奥の手"を学ぶ！

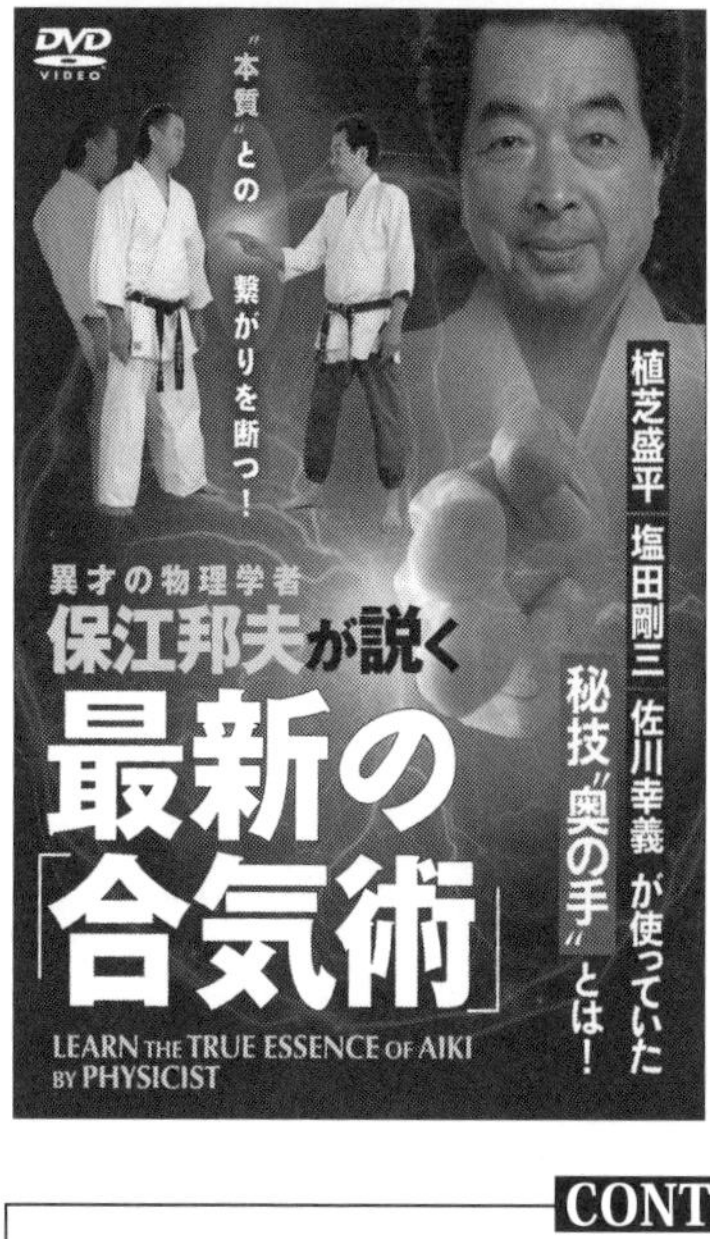

異才の物理学者が説く
最新の形而上学的武術奥義論

“本質”との繋がりを断つ！

マネキンや銅像は押せば“倒れる”。
一方人間は押したくらいでは“倒れない”。
これは何故なのか？

それは三次元にある人間の“体（物体）”が安定して立っているのは高次元にある“本質”に繋がっているから。（「次元流合気術の理論」より）

異才の物理学者・保江邦夫先生のこの意欲的な奥義論をDVDに丁寧に収録。

■指導・監修：保江邦夫
■収録時間：55分
■本体：5,000円＋税

CONTENTS

■武術奥義の核心
■空間の多次元構造とは
■経験とは別の空間認識能力
■次元遮断① 手刀斬り合気
■次元転移① 指差し合気
■次元転移② 目打ち合気
■“力”と“気持ち”を捨てる
■肘から先は相手にやる
■触れる瞬間にズラす
■次元遮断② 視線斬り合気
■祓いによる転移① 合掌合気
■祓いによる転移② 拍手合気
■次元融合 優しさの合気

物理学者・保江邦夫師範の科学的視点から読み解く合気！

BOOK

物理学で合気に迫る

身体「崩し」の構造

物理法則を超えた神技を求め、物理学を限界まで駆使する。

底面重心位置、連続移動作用点力、ベクトル力、骨格構造的弱点、デッドポイント、慣性モーメント、角運動量、並進慣性力、回転慣性力、外力・内力、重力━。自然科学の視点から、"武の神人"佐川幸義宗範の技を追求。

CONTENTS

- ぬかるみに学ぶ"崩し"の物理
- 波にさらわれる身体に学ぶ"崩し"の極意
- ベクトルとしての力を活用した"崩し"の極意
- 骨格の構造力学的な弱点を活用した"崩し"の極意
- 身体の回転運動の力学を活用した"崩し"の極意
- 自分の運動量と角運動量を活用した"崩し"の極意
- 敵と自分の間の自由度を活用した"崩し"の極意
- 重力を活用した"崩し"の極意━
  地球引力による崩しと合気

●著者：保江 邦夫
●判型：A5 判
●頁数：256 頁
●本体：1,600 円＋税

BOOK

佐川幸義宗範の"神技"に触れた二人が交わす！

「合気問答」

日本武術の深奥"合気"への確かなる道標！
合気に至る極意論＋技術解説

まず「体の合気」を深め、「観念の合気」へ進化させる！ 合気の原理とは、「マザーテレサ効果」に他ならない。一つの境地に向かって、対照的な個性で各々にアプローチしてきた塩坂洋一、保江邦夫両者の"化学反応"から真理が解き明かされる！

CONTENTS

- プロローグ
- 合気あげ（合気揚げとは何か）
- 大東流一ヶ条（佐川幸義先生の合気補完術）
- 合気補完術・骨相学（合気之術と骨相学）
- 脳科学と意識（合気原典に見る合気）
- 物理学と発想力（力学技法は合気を再現するか？）
- コヨリの合気（武田惣角先生の合気）
- 体之術理と愛の原理（愛すれば合気？）
- 対談「佐川宗範の教えと我が"合気"探求」

●著者：塩坂洋一、保江邦夫
●判型：A5 判
●頁数：280 頁
●本体：1,600 円＋税